"Sulle tracce dell'altrove"

di Cristian A. Porcino Ferrara

"**Sulle tracce dell'altrove**" di Cristian A. Porcino Ferrara ©
2023

La presente opera di saggistica è principalmente finalizzata allo studio e all'analisi dei testi letterari di composizioni musicali. È stata dunque realizzata in osservanza dell'articolo 70 della legge 22/04/1941 n. 633 e successive modificazioni e integrazioni, incluso il decreto legislativo 09/04/2003 n. 68, nonché l'articolo 10 della Convenzione di Berna.

Proprietà letteraria riservata

I diritti di riproduzione e traduzione sono riservati
Prima edizione: Febbraio 2023

ISBN: 978-1-4478-5346-6

In copertina: Ritratto dell'Autore

Prefazione

"Il pregiudizio è un limite di chi lo attua, non di chi lo riceve."
L. De Crescenzo.
E' con l'approccio di questo grande Maestro che il prof. Porcino ci accompagna attraverso questo suo ultimo lavoro, da intraprendere fin da subito con lo spirito del viaggio; in esso veniamo accompagnati lungo un percorso che va dall'onirico, allo storico, all'intimo, scivolando sul filo rosso con il quale, da acuto pensatore, l'autore ricama capitolo dopo capitolo un nuovo paesaggio.

Caratterizzata da un flusso di parole e di coscienza che mai scade nel banale, l'opera si snoda in una lucida analisi antropologica e sociale, nella quale si aprono dialoghi fra illustri rappresentanti del libero pensiero, si stagliano panorami nei quali è maturata la nostra e l'altrui coscienza, fino a portarci all'incontro con la genesi e lo sviluppo dell'autore stesso, di quell'altrove che ne completa il tutto quotidiano.

Questo, come i precedenti, è un testo per curiosi, per amanti della conoscenza e del confronto, che vogliono passeggiare in un orizzonte diverso, dove è consentito l'accesso ad ogni voce, compreso quel sottobosco spesso taciuto di coloro che hanno abbattuto il muro del "diverso" con l'arma dell'inclusione, dell'accettazione, dell'abbraccio.

E' un testo che quando concluso ti lascia quel "mal di filosofia", per il quale poi avrai voglia di tornare all'arte e saperne ancora, perché la vita è un sogno che si fa ad occhi aperti e, come in questo caso, in buona compagnia.

Barbara Cavazzana

L'Antica Sapienza

Dal mio letto mi ritrovai catapultato in una dimensione fenomenica insolita. Ero circondato da statue di uomini in preghiera. Ciascuna di esse recava i segni caratteristici delle religioni già esistenti e sparse per il mondo. Mi incamminai con curiosità per osservarle tutte. Il pensiero spirituale universale era scolpito in quelle nicchie. Tutte loro rappresentavano antiche rivelazioni e divinità adorate nei secoli. Alla fine della stanza vidi una statua sorridente. Il suo volto era femminile e tra tutti quelli osservati era l'unica con le sembianze di donna. Non aveva alcun simbolo accanto o vicino a sé che poteva in qualche modo associarla ad una data credenza. Mi avvicinai per scrutarla meglio, quando questa aprì gli occhi e disse:
«Benvenuto».
Rimasi interdetto. La statua mi aveva salutato. Avevo percorso tutto il corridoio e nessuna delle altre statue aveva pronunciato alcuna parola. Così mi presi di coraggio e chiesi:
«Chi sei tu?».
«Sono l'Antica Sapienza sepolta e dimenticata dal mondo degli umani».
Le risposi dicendo: «Nessuno mi ha mai parlato di te, e non ho mai visto altri fare riferimento alla tua divinità». Ed Ella obiettò:
«Parlare non significa comunicare!».
Continuò ancora: «Voi umani vi esprimete nella nullità e vi amate nell'ossessività reciproca.

Tutto ciò che richiedete ai vostri simili è superficialità. Millantate sentimenti ed emozioni che non provate e vi arrabbiate quando le vostre relazioni esistenziali si sfilacciano come antiche funi».
Aveva ragione. Non potevo che condividere quanto da Lei espresso.
Poi ascoltando il mio silenzio affermò: «Percepisco il tuo rammarico perché credi di sentirti solo. Nel tuo cuore ti rimproveri di non aver trovato ancora nessuno in grado di condividere il tuo pensiero e la tua persona. Ricordati che gli esseri umani stringono amicizie per sentirsi sempre più soli».
Allora dissi all'Antica Sapienza che aveva perfettamente ragione ed Ella, con tono ieratico, mi rispose: «Voi umani non avete ancora compreso che non otterrete la mia benevolenza rimpinguando le casse della mia vana gloria».
Io tentai di spiegarle che non volevo assecondarla per piaggeria ma credevo davvero nelle sue parole perché rispecchiavano il mio pensiero. Aveva una capacità insolita di leggermi nel pensiero e il silenzio momentaneo venne interrotto dalla sua voce: «La verità non va mai spiegata ma compresa».
Quel tono solenne mi fece un po' paura. Nella sala delle statue io ero da solo e in quel dato momento desideravo ardentemente trovarmi in compagnia dei miei simili.
Mi ero così abituato a non essere visto e considerato che mi sentii fortemente a disagio dinnanzi a chi sapeva leggere dentro il mio animo. La nostra società parlava tanto d'amore

ma ne aveva smarrito il senso. Amare qualcuno significa non provare mai il rimpianto per essersi scelti.

Così l'Antica Sapienza se ne stava da sola alla fine di centinaia di statue senza essere riconosciuta e celebrata. Mi chiesi perché secoli e secoli di erudizione avevano cancellato i suoi insegnamenti e divulgato invece verità posticce.

L'Antica Sapienza, che aveva intuito il mio pensiero, rispose: «Diffidate di chi predica le virtù sconoscendone significato e concretezza. Vi siete dimenticati di me e dei miei insegnamenti per far spazio a congetture messe in atto da infimi ciarlatani. Da me si impara a vivere mentre con le teologie tramandate nei secoli non avete imparato nulla dell'esistere. Non avete imparato nulla nemmeno della morte. Vi siete cristallizzati in un limbo impersonale che non vi ha fatto comprendere che siete delle anime in cerca del proprio destino. Adesso vai e ritorna nel tuo mondo straniero che vaghi nei sentieri del sogno per appagare la tua sete di conoscenza. Ricordati che il non luogo per eccellenza è il tempio sacro dell'Antica Sapienza».

La statua richiuse gli occhi. La porta alla fine della stanza si spalancò e così riuscii ad abbandonare la sala.

Appena il portone si richiuse, mi risvegliai dal mio sogno e ritornai nel mio letto.

Filosofia e sessualità

Con ogni probabilità l'essere umano insegue la felicità più di ogni altra cosa, e se non riesce a raggiungerla tutto ciò che ottiene perde di consistenza. Compito della filosofia è accettare che la felicità non esiste, almeno non quell'immagine di dio pagano che gli uomini si sono costruiti nei secoli e che ancora oggi continuano a venerare. Una sorta di idolo o di statua da esibire in ogni occasione ma che non è nulla se non una mera illusione. La felicità è semplicemente una parola, ed essa stessa non può racchiudere e comprendere l'intero significato. Epicuro nella sua Lettera sulla felicità sosteneva: «Non si è mai troppo giovani o troppo vecchi per la conoscenza della felicità. A qualsiasi età è bello occuparsi del benessere dell'anima». Nel tempo siamo diventati schiavi delle parole e di concetti vuoti entrati nel lessico quotidiano. Siamo infelici perché non riusciamo a trovare e capire la felicità. Per essere "felici" bisogna entrare in contatto con la nostra anima e non sempre riusciamo a comprendere i bisogni che potrebbero arricchirla. Siamo abituati ad avvertirci come un qualcosa di scisso. Esiste il corpo e poi l'anima o lo spirito, ma in verità siamo un tutt'uno. Bisogna compiacere e accontentare ogni aspetto legato alla nostra corporeità e spiritualità, ma le religioni hanno insistito nel mortificare le esigenze corporee e privilegiare solamente quelle dello spirito. Sono state loro a creare la cosiddetta infelicità dell'essere umano. Operando distinzioni hanno creato una frammentazione nella percezione unitaria della nostra vita. Avvertiamo il sesso come un qualcosa di proibito che non deve essere vissuto alla luce del sole ma consumato, invece, al chiuso di una stanza. La religione, sicuramente non quella pagana dei greci, ha negato una energia di tipo sessuale e ha impiegato tempo e denaro nel riconoscere solamente la tensione verso qualcosa di metafisico ma totalmente estraneo alla nostra comprensione.

Il filosofo indiano Osho asseriva: «Qualunque cosa tu faccia nella vita, tutto è energia sessuale che si trasforma perché è la sola energia che hai a disposizione. Qualunque cosa tu faccia – dallo scrivere poesie al dipingere, dallo scolpire al danzare, al cantare – tutto è in un modo o in un altro la trasformazione, la trasmutazione dell'energia sessuale – anche le tue preghiere, le tue meditazioni (...) Non ti sto dicendo di cercare appagamento esclusivamente nel sesso. Ti sto dicendo di accettarlo. Ci sono grandiose possibilità nascoste nel sesso» (*Segreti e misteri dell'"Eros*, Es, 1991). Quanto detto da Osho non è una novità, anche Freud aveva individuato questo e formulato le sue teorie sulla vita sessuale individuale.

Il padre della psicanalisi sostenne che l'arte, ad esempio, rappresenta uno spostamento in relazione al piacere non appagato e quindi non è altro che una forma di sublimazione rispetto a qualche cosa che non ha di per sé niente di eccezionale, cioè il piacere. Ovviamente non tutti gli individui inappagati diventano artisti. Ma noi abbiamo un corpo e siamo anche un corpo. Non possiamo sopprimere ciò che sentiamo parte di noi. Per facilitare la comprensione di questo aspetto mi servirò di una canzone scritta da Battiato e Sgalambro. Nel 2004 il cantautore siciliano pubblica l'album *Dieci stratagemmi* e il singolo radiofonico è per l'appunto *Tra sesso e castità*. La canzone descrive l'eterno scontro tra la ragione e il sentimento, l'impulso sessuale naturale e la tensione mistica. Ripensare a chi si è conosciuto e desiderato sessualmente ci provoca, forse, del rimpianto:

"Andando a caso consideravo girando per strade vuote
Che l'equilibrio si vede da sé si avverte immediatamente
Ribussa ai miei pensieri un desiderio di ieri
Ed è l'eterna lotta tra sesso e castità (...)
Tra i sussurri l'indolente ebbrezza di ascendere e cadere qui
Tra la vita e il sonno, la luce e il buio dove forze oscure
Da sempre si scatenano
Felici i giorni in cui il fato ti riempie di lacrime e arcobaleni
Della lussuria che tenta i papaveri con turbinii e voglie ....chissà perché avrò abdicato con te riproverei...
Per capriccio gioco per necessità
Mi divido così tra astinenza e pentimenti tra sesso e castità".

La natura umana è spinta da desideri primitivi che necessitano di una soddisfazione, di una realizzazione. Allo stesso tempo l'uomo è lacerato perché la propria facoltà intellettiva cerca in tutti i modi di trovare un equilibrio soddisfacente fra sessualità, intesa come appagamento istintuale, e la castità come sublimazione di questa energia sessuale. Lo stesso Battiato ha affermato che: «Sono da anni combattuto tra le due strade, quella che utilizza il sesso come elevazione mistica e quella cattolica della trasformazione (...) L'energia sessuale è come il fumo che passa attraverso le porte. Non puoi chiuderla, non puoi sigillarla perché si trasforma. Nel momento in cui reprimi una cosa, ti scappa fuori da un'altra parte. Molti cristiani hanno saputo instradare l'energia sessuale verso altre direzioni. Le mie due strade sono queste: da un lato il raggiungimento di una situazione diversa tramite un uso particolare della sessualità, dall'altro spostare la sessualità verso altre cose, trasformare l'energia. Come il lavoro che produce calore. Non ti ho detto la terza strada possibile: non sprecare tanto tempo in tentativi vani (...) Se non sei in grado di farla diventare qualcos'altro, è meglio che alcune tensioni che si organizzano all'interno dell'energia sessuale, vengano espulse e liberate.» (*Franco Battiato. Tecnica mista su tappeto. Conversazioni autobiografiche con Franco Pulcini*, Edt, 1992). Il lavoro interiore di tipo filosofico e psicologico prospettato da Battiato non è affatto semplice. Si intuisce però che un'errata percezione di questa energia sessuale genera un grado di insoddisfazione e frustrazione nell'essere umano. Secondo Michel Onfray: «La costruzione del corpo occidentale si compie con la nevrosi di Paolo di Tarso, grande odiatore di sé e del mondo contro cui invita ad arrabbiarsi. Parecchi secoli di patrologia greca e latina, di scolastica medievale e di filosofia idealista trasmessi da prediche, sermoni, discorsi semplificati dal clero e destinati al popolino, ma anche più di mille anni di mobilitazione di un'arte propagandistica, lasciano in eredità un corpo mutilato ancora in cerca della sua redenzione attraverso il recupero di un monismo ricco di potenzialità esistenziali nuove» (*La potenza di esistere*, Ponte alle Grazie, 2006). Il corpo occidentale sopravvive ad una dilagante paura del sesso. Anch'io lo sostenni nel 2007:

«Il punto di vista papale pone nella mondanità e nella società l'irrefrenabile desiderio sessuale, che è invece connaturale all'umano, e non quindi frutto di una perversione morale dell'epoca di Agostino o dei coetanei del santo cattolico. La sessuofobia prevale come sempre. La chiesa - da Paolo di Tarso in poi - ignora che se vuole parlare all'uomo non può rinnegargli la dimensione sessuale, come diceva Platone. Non bisogna dimenticare che anche la persona fisica del papa è frutto di una relazione sessuale» (*Pensieri sparsi su Dio, Ratzinger e la Chiesa*, Il Rovescio Editore).

Questo terrore per il sesso e l'espletamento della propria natura sessuale ha incoraggiato subdolamente personalità del passato a compiere addirittura atti estremi.

Origene, studioso e teologo cristiano, si evirò per non cedere alla tentazione della carne.

Origene (185-254) visse in un periodo in cui la Chiesa iniziava già a disseminare i suoi divieti e norme morali. Pietro Abelardo che fu anch'egli evirato ma non per suo volere, paragonò

l'atto compiuto da Origene ad un omicidio: «Come se il famigerato pisello fosse una specie di fratello minore del suo portatore, un innocente Abele vittima del cattivo fratello Caino» (Pietro Emanuele, *Filosofi a luci rosse*, Tea, 2004).
La Chiesa anziché premiare il povero Origene lo punì severamente. Fu rimosso dal suo incarico di rettore dell'università di Alessandria d'Egitto e dovette abbandonare l'idea di indossare gli abiti sacerdotali. «Vi son degli eunuchi, i quali si son fatti eunuchi da sé a cagione del regno de' cieli. Chi è in grado di farlo lo faccia» (Matteo 19:12). In fondo il povero Origene aveva preso alla lettera quanto indicato nel vangelo quindi perché pagare a caro prezzo la propria fedeltà?
Ma il discorso si fa ancora più rabbioso con l'autoerotismo o masturbazione. Ci sono ancora generazioni di uomini e donne che son cresciuti con profondi sensi di colpa ogni qual volta provavano a darsi piacere da sé. Come ha detto Woody Allen: «Non condannate la masturbazione. È fare del sesso con qualcuno che stimate veramente!».
Come accennavo poc'anzi noi siamo un corpo e questo significa anche avere determinate esigenze. La storia della filosofia non è così asessuata come i manuali scolastici vogliono farci credere.
Il filosofo Mointaigne, ad esempio, nei suoi *Saggi* scriveva: «Da sano e da malato, io mi sono lasciato andare volentieri agli appetiti che mi stimolavano. Attribuisco grande autorità ai miei desideri e alle mie inclinazioni». Montaigne si lamentava

anzi della dimensione del proprio pene e lo scriveva pure: «Si non longa satis, si non bene mentula crassa».
La verità è che la masturbazione ancora oggi è tabù.
In un divertente racconto autobiografico di quando era poco più che un adolescente Luciano De Crescenzo scrive: «Nella parrocchia di Santa Lucia c'era un gigantesco quadro del martirio di san Sebastiano. Ricordo ancora le corde che tenevano legato il santo, lo sguardo del martire rivolto verso il cielo e le frecce conficcate nel suo corpo come tanti aghi su un puntaspilli (...) Don Attanasio, il parroco di Santa Lucia, era ancora più terribile del quadro. Quando mi confessava (...) mi puntava un dito contro e urlava: «Hai commesso atti impuri?» «Sì» «Da solo o accompagnato?» «Da solo» «Lo vedi San Sebastiano?» «Sì» «E allora ricordati che ogni qual volta ti tocchi, grandissimo fetente che non sei altro, san Sebastiano viene colpito da una freccia» (*Vita di Luciano De Crescenzo scritta da lui medesimo*, Mondadori, 1989). Lo stesso Federico Fellini nei suoi film ha più volte inserito qualche scena dove un prete con la scusa della confessione estorceva a suon di punizioni divine, particolari piccanti della vita dei suoi fedeli. Con ogni probabilità per servirsene nel privato ed arricchire il suo immaginario erotico, oppure chi lo sa. Fatto sta che tanta avversione per il corpo ha prodotto gran parte della cosiddetta infelicità di cui si parlava prima. Naturalmente il sesso non è l'unico componente in grado di soddisfare i nostri bisogni, ma certamente è uno dei tanti fattori che la determinano.

«Tris kai tetrákis ton sferon labonton panta kaká feughetai. Traduzione approssimativa: "Tre o quattro volte toccandosi i genitali tutti i mali fuggono". Esatta o non esatta che sia la traduzione, ho sempre creduto che la masturbazione fosse un bene fisico e psicologico [...] Tra i tanti che hanno fatto ricorso alla masturbazione non va dimenticato il grande Tommaso Campanella. Si racconta, infatti, che una sera il filosofo, dopo essere stato torturato con il supplizio della corda, abbia visto una bella ragazza farsi il bagno nuda in una vasca. Ebbene, Campanella si eccitò a tal punto che, una volta andata via la bagnante, non solo s'immerse nella stessa acqua ma ne bevve un sorso» (Luciano De Crescenzo, *Il pressappoco*, Mondadori, 2007). Questo ci dimostra che anche i filosofi non disdegnavano tale pratica. Antiche dicerie popolari sostenevano che continuare a toccarselo procurava all'individuo di sesso maschile una consumazione del membro.

Ma la cosa si estendeva a tutti quando si trattava degli occhi. L'analfabetismo era imperante e le persone che sapevano leggere e scrivere non erano molte, e così si diceva che leggendo troppo gli occhi si sarebbero logorati in fretta. Chissà perché, però, parlar troppo e male degli altri non procurava mai alcuna ripercussione alla lingua!

Infine nella storia della filosofia troviamo un altro esempio illustre, Diogene il cinico, detto il cane. Come racconta il filosofo Michel Onfray: «Diogene se la prende con i pregiudizi che tendono a relegare in un luogo chiuso le azioni che si propongono la soddisfazione di un desiderio e l'acquisizione di un piacere. Contro il corpo nascosto e rinchiuso, il cinico inaugura una politica del corpo mostrato ed esibito. Anche qui la volontà d'eccesso rinsalderà l'aspetto pedagogico. In quest'ordine di idee, Diogene non esiterà a masturbarsi sulla pubblica piazza e a replicare alle coscienze indignate: «Magari potessi placare la fame stropicciandomi il ventre». Non disdegnerà neppure gli accoppiamenti in pubblico sostenendo che una cosa tanto semplice e naturale si poteva fare sotto gli occhi di tutti» (*I filosofi in cucina*, Ponte alle grazie, 2011).

Over The rainbow

"Non puoi tornare indietro e cambiare l'inizio, ma puoi iniziare dove sei e cambiare il finale" (C.S. Lewis)

Il percorso verso la consapevolezza è lungo e tortuoso.
Più passa il tempo e più le cose che hai sempre saputo diventano certezze granitiche.
Questa società è stata pensata da maschi bianchi eterosessuali che con il loro predominio su donne e omosessuali hanno imposto regole di vita asimmetriche e dolorose ad una parte consistente della popolazione.
Queste regole sono per l'appunto figlie di quel patriarcato misogino e machista di cui sono intrise quasi tutte le religioni del mondo. Lo psicanalista Alan Downs in *La rabbia di velluto: crescere omo in un mondo etero* ha descritto il senso di oppressione di chi è costretto a vivere fin da giovanissimo con: "un segreto troppo grande sulle spalle di un bambino troppo piccolo".
Chi come me è nato negli anni'80 non trovava appigli a cui aggrapparsi. L'argomento restava tabù e la consapevolezza di essere gay restava confinata nella propria intimità con una paura sempre più costante di essere "scoperto".
A scuola nessuno affrontava l'argomento ma eravamo abituati a sentire gli epiteti ingiuriosi dei compagni che, se non ti

uniformavi al pensare comune, potevano chiamarti tranquillamente "frocio"[1].

Eravamo circondati da un contesto eteronormativo in cui non solo non riuscivamo a rispecchiarci ma per certi versi non potevano identificarci in alcun modo. La televisione continuava a propinarci modelli macchiettistici di omosessuali a cui non volevamo in alcun modo assomigliare. Per molto tempo la televisione ha scelto di raccontare il mondo gay in modo errato. I pregiudizi di stampo religioso hanno pervaso anni e anni di storia televisiva. Chi interpretava personaggi femminili veniva di per sé relegato in un cono d'ombra da cui difficilmente poteva uscire. Una volta etichettato non potevi ambire ad alcun cambiamento di ruolo. Ancora oggi certi talk show si circondano di soggetti che hanno come unico scopo quello di dividere l'opinione pubblica composta per lo più da catto-fascisti e analfabeti di ritorno.

---

[1] «D'altronde si ascoltano parole denigratorie rispetto all'omosessualità fin da un'età precocissima: è facile immaginare il processo di apprendimento di un bambino che senta ripetere con sistematicità espressioni di questo tipo. Prima di capire che la parola *frocio* indica una persona che ama un'altra persona dello stesso sesso, saprà che descrive qualcosa di indesiderabile. Anche se non avrà mai conosciuto una persona omosessuale sarà portato ad aspettarsi condotte riprovevoli e cercherà di evitare con il proprio comportamento, con il proprio abbigliamento, con i propri gesti tutto ciò che potrà anche lontanamente richiamare questo tipo di offesa.»
G. Priulla., *Parole tossiche. Cronache di ordinario sessismo*, Settenove, Cagli (PU), 2014, p.157.

****

Quando nel 1986 uscì al cinema *Top Gun* il mondo impazzì per la storia di Pete Mitchell. In quel weekend mi trovavo in visita a Vittoria, un paese siciliano, avevo 6 anni e ci regalarono dei biglietti per vedere al cine sia *Top Gun* che *Fievel sbarca in America*. Entrambi i film mi colpirono ma il primo non fu certo per la trama bensì per la bellezza sconvolgente del protagonista: Tom Cruise. Degli aerei non mi è mai fregato nulla, oggi come allora, ma quell'attore mi aveva stregato. Già da allora capii che il mio orientamento sentimentale era rivolto agli uomini.
A differenza degli etero che sin da piccoli possono dire di essersi innamorati della protagonista di un film noi omo non potevamo. Non dovevamo. I nostri sentimenti potevano urtare la sensibilità degli altri e ferire le nostre famiglie. Il fardello si rendeva sempre più pesante e portarlo da solo non aiutava certamente la nostra vita.
Mentre crescevamo e frequentavamo le scuole non potevamo innamorarci di un nostro compagno. Non ci era concesso.
«Nel grande disegno della vita succede di perdersi l'adolescenza, per i motivi più diversi: carattere, salute mentale, problemi sociali o familiari. Io persi la mia perché ero gay e i gay in Italia negli anni '80 e '90 avevano un solo

compito, molto preciso, da interpretare a piacere: nascondersi»[2].

Per anni ci siamo privati di una serena adolescenza per paura di esternare pubblicamente i nostri sentimenti.

Alessandro Zan ha detto che «L'incultura dominante fa anche questo: ruba ai giovani Lgbtq+ i momenti dei primi amori, delle prime infatuazioni. Momenti che non tornano più»[3]. Momenti irripetibili che non torneranno più. Frammenti di esistenza amputati da un corpo vivo che desiderava solamente esprimersi come tutti.

Se vado indietro con i ricordi mi tornano in mente tante infatuazioni sui banchi di scuola che ovviamente non si palesarono mai. Ricordo che alle medie la cosa si intensificò maggiormente quando mi accorsi di provare qualcosa per il mio compagno di banco. Quello è il momento in cui ognuno di noi scopre la propria sessualità ma in quel caso gli unici punti di riferimento venivano dal porno eterosessuale. Con i compagni si discuteva spesso di sesso. Ovviamente non si sprecavano le offese ai gay ed era obbligo parteciparvi e ridere a quelle battute stomachevoli. Non prenderne parte era un'ammissione di appartenenza alla schiera dei reietti.

«Perché l'insulto è il primo e più dirompente mezzo di conoscenza che il mondo presenta all'omosessuale. Ancora

---

[2] A. Zan., *Senza paura. La nostra battaglia contro l'odio*, Piemme, Milano, 2021, p. 20.

[3] N. Verdelli., *Primo: non odiare*. Intervista ad Alessandro Zan su *Vanity Fair* n.16 del 21 aprile 2021, p. 31.

peggio dell'insulto, è la barzelletta ascoltata da bambini in famiglia, la battuta del fratello maggiore, del cugino o persino del padre. Contro altri, magari, ma che l'omosessuale percepisce immediatamente come rivolte anche contro sé stesso»[4].

Fu proprio in quel momento che provai una situazione di smarrimento. Non potevo parlarne con nessuno e non potevo confidarlo in chat a qualcuno perché non esisteva internet. Fu così che caddi in una profonda depressione che mi fece saltare lunghi periodi di scuola. In famiglia non capivano e io non fornivo alcuna spiegazione logica. Frequentai diverse sedute da uno psicologo che provò ad aiutarmi ma in quel momento non permettevo a nessuno di insidiarsi nella mia vita. Non potevo fidarmi di nessuno men che meno di uno sconosciuto.

C'è da dire che la mia famiglia non è mai stata così religiosa e io mi sono recato in chiesa di mia spontanea volontà. Per anni ho frequentato i salesiani e in quell'ambito pur non parlandone mai non mi sono sentito in alcun modo fuori posto. Il mio orientamento era stato silenziato da una società che non permetteva di deviare dall'eteronormatività. I preti con cui dialogavo erano davvero simpatici e amichevoli ma non mi sono mai sognato di rivelare qualcosa di così intimo ad uno di loro. Se non parli di una cosa allora non esiste!

---

[4] F. Buffoni., *Silvia è un anagramma*, Marcos y Marcos, Milano 2020, p. 35.

Con il tempo ho capito che frequentavo la chiesa perché mi sentivo perennemente in colpa. Dovevo espiare la mia non eterosessualità e quale migliore palestra se non una chiesa che si circonda di immagini di santi e beati martoriati che si sono allontanati dal sesso e dai suoi richiami peccaminosi? Quello era il mio martirio anche se non ho mai ambito alla santità.

Ho trascorso gran parte della mia infanzia in chiesa come ministrante e membro attivo della parrocchia. L'incontro con la filosofia ha determinato il cambiamento più forte e soprattutto la consapevolezza di non poter frequentare una comunità che ti respinge e ti demonizza ogni giorno.

Proprio in quel momento di sconforto oltre all'affetto della mia famiglia mi rivolsi, come dicevo prima, alla religione cattolica e in particolar modo mi accostai alla figura di papa Wojtyla. Per quell'uomo provavo una certa ossessione e ogni sua parola, gesto o scritto era difeso a spada tratta dalla mia persona. Lo psicologo provò in tutti i modi ad allontanarmi da questa figura ma, ahimè, non gli diedi ascolto. A distanza di anni posso dire che la figura di questo pontefice mi ha rovinato la vita. Ha bloccato una parte della mia affettività e mi ha fatto sentire sbagliato per molto tempo. La colpa ovviamente è solo mia perché sono stato io ad interessarmi alla sua figura e alla sua predicazione.

L'omofobia e sessuofobia wojtyliana (senza dimenticare quella ratzingeriana), era proverbiale e il disprezzo che ha riservato quest'uomo per la nostra comunità non ha eguali.

La mia non era vera fede ma desiderio di espiazione.

La religione aveva fatto in modo di instillare in me quel senso di colpa funzionale alla sua esistenza. Senza colpe e peccati da mondare decadrebbe la funzione principale dei sacerdoti e della chiesa. Come un parassita necessita di un corpo ospite per nutrirsi così la religione si abbeverava alla mia totale e giovane stupidità.

C'è voluto tanto tempo per liberarmi definitivamente da ogni forma di religione e dai suoi esponenti.

****

Alle medie fu l'incontro con Platone e di conseguenza con Socrate a lenire le mie giovani ferite. I libri mi hanno salvato da una voglia costante di sparire nel nulla.

Forse come sostiene André Aciman: «Chi legge lo fa per nascondersi. Per nascondere chi è realmente. E chi si nasconde non sempre si piace»[5].

Vorrei chiarire che ho vissuto un'infanzia e adolescenza ricca di amore e di affetto da parte della mia famiglia ma il mio sentirmi diverso mi faceva sentire inadatto e inadeguato. Nessuno di loro ha mai tentato di forzarmi ad essere ciò che non ero ma vivevo in una società in cui il mio orientamento era fortemente ostacolato e vituperato.

---

[5] A. Aciman., *Chiamami col tuo nome*, Guanda, 2008 Milano, p. 131.

"Nessun eterosessuale si sogna di fare un coming-out: è già nell'universo pubblico, grazie alla sua «normalità» gode da sempre della presunzione di eterosessualità. L'omosessuale, invece, a causa della sua differenza, deve annunciarsi, chiedere permesso, avvertire i «normali» del suo ingresso in un territorio che non gli è naturalmente destinato. Ma tale domanda non è forse il segno di riconoscimento di questa forma di dominazione eterosessuale?"[6].

La letteratura mi ha riconciliato con il mio io più profondo e mi ha fatto capire che altri prima di me avevano provato le medesime emozioni che provavo io.

Colm Tobin sostiene che: «la letteratura può contribuire moltissimo a conoscere, a liberare, a non dimenticare. (...) È come incontrare qualcuno che condivide la tua vita, le tue emozioni. E questo è fondamentale perché ci sono immagini comuni, storie e situazioni da condividere e che non siano solo suicidi e disperazione. Questi libri ci aiutano a vincere la sensazione di non esistere, perché sappiamo che spesso è come se quello che viviamo non esistesse, non fosse reale»[7].

L'incontro con Verlaine, Rimbaud, Wilde, Proust, Forster etc., per me fu importante. Anche se in quel momento leggere che Wilde fu incarcerato per omosessualità, Forster non pubblicò in vita *Maurice* per paura di fare la fine di Wilde, Pasolini

---

[6] D., Borrillo, *Omofobia. Storia e critica di un pregiudizio*, Edizioni Dedalo, 2009.

[7] F. Gnerre., G. P. Leonardi., *Noi e gli altri. Riflessioni sullo scrivere gay*, Il dito e la luna, Milano 2007.

venne massacrato all'Idroscalo di Ostia, non aiutava i miei giovani pensieri. Erano altri tempi ma quelli che vivevo io non sembravano dei migliori visto che nessuno parlava di questi argomenti con competenza.

Purtroppo ancora oggi esistono dei tabù per quanto riguarda i programmi scolastici. In quanto docente riscontro una totale ignoranza dei nostri discenti per quanto concerne la biografia di molti autori della nostra letteratura.

I programmi ministeriali della scuola secondaria di secondo grado non sono privi di omofobia.

«L'assenza del tema o il suo occultamento, anche nei testi letterari, ma soprattutto nella critica e nelle storie della letteratura, soprattutto in Italia, nasceva (e spesso ancora nasce) da forme, spesso inconsapevoli, di omofobia, dall'abitudine a censurare un argomento che per secoli è stato tabù»[8].

Sull'omofobia inconsapevole ho i miei dubbi.

L'omofobia è ben radicata e presente in chi redige certi testi scolastici.

Esiste ancora una certa reticenza nel definire il rapporto sentimentale di Verlaine e Rimbaud. Si prova a ricostruire la loro storia d'amore ma quando lo si fa non sempre si utilizzano i termini più giusti.

Questi illustri studiosi temono di riconoscere la loro love story e forse si lasciano influenzare dai versi libertini del *Sonnet du*

---

[8] F. Gnerre., *La biblioteca ritrovata. Percorsi di lettura gay nel mondo contemporaneo*, Rogas Edizioni, Roma 2015, p.10.

trou di cul di Verlaine dedicati proprio ad Arthur Rimbaud e contenuti in *Femmes e Hombres*.

Reprimere e censurare l'affettività di un poeta o di uno scrittore significa manomettere la sua opera.

«Affermare che qualcuno possa essere un artista prescindendo dalle proprie passioni è una pura astrazione; ma mentre di Verdi e Puccini le passioni rientrano nei canoni consentiti, quindi sono studiate e ammesse, nel caso di Leopardi o di Pascoli l'accademia vorrebbe soltanto che si sorvolasse, non avendole essi stessi dichiarate, o avendole dichiarato in modo solo 'schermato'»[9].

Quando si è studenti e si vivono i tumulti adolescenziali potrebbe essere di aiuto conoscere e leggere le opere di scrittori omosessuali. Potrebbe di gran lunga aiutare il loro percorso di auto consapevolezza.

«Penso anzi che sarebbe auspicabile che nelle biblioteche scolastiche, accanto a sezioni dedicate al razzismo e all'antisemitismo e in genere a tematiche relative all'inclusione e al rispetto di tutti, c'è ne fosse una dedicata all'omofobia e alla letteratura di argomento omosessuale: gli adolescenti gay si sentirebbero forse meno soli»[10].

Una società che esclude i nostri diritti dal proprio orizzonte sociale e politico non ha molte speranze di andare avanti. Promuovere iniziative di sensibilizzazione all'affettività e

---

[9] F. Buffoni., *Silvia è un anagramma*, Op. cit., p. 66.

[10] F. Gnerre., *La biblioteca ritrovata*, Op.cit., p. 12.

includere la lotta all'omofobia con tutte le sue forze è una prerogativa di uno stato democratico e civile.

Quando frequentavo il liceo e poi l'università non ho mai sentito alcun docente parlare dell'omosessualità di Leopardi o di Pascoli, Montale etc. Associare il termine omosessualità ad uno di questi idoli letterari era sacrilegio. Meglio continuare la farsa di Silvia e di altre "donne" protagoniste dei loro versi.
Era già accaduto con Walt Whitman quando in un primo momento dovette cambiare i versi di *Foglie d'erba* per non destare alcun sospetto. Solo in un secondo momento i versi ritornarono per volontà dell'autore così come erano stati concepiti e scritti. Ancora oggi non si discute quasi mai dei *Sonetti* shakespeariani dedicati ad un uomo. Si teme di distruggere un mito accostandolo alla tanta vituperata omosessualità.
«Un esempio su tutti, Foucault: tanta storia della follia, tanta storia della sessualità dal *Simposio* di Platone in poi, e poi si è dimenticato di dirci che era omosessuale lui stesso, non fosse stato perché è morto di AIDS non lo avremmo mai saputo, certo una mera distrazione da parte sua, troppo occupato a occuparsi della sessualità rimossa dagli altri per partire dalla propria, che tanto accettata non era da lui per primo»[11].

---

[11] A. Busi., *E Baci*, Il Fatto quotidiano, Roma 2013, p. 409.

Ho così condotto da studente uno studio parallelo. Da una parte i programmi ministeriali e dall'altro le giornate trascorse in biblioteca per scoprire di essere in buona compagnia. Forse sapere dell'amore di Giacomo Leopardi per Antonio Ranieri poteva aiutarmi a sentirmi meno solo o forse chissà. Resta il fatto che il trionfo dell'eterosessualità è ben celebrato a scuola. Pensiamo a Dante e Beatrice, Boccaccio e Fiammetta, Orlando e Angelica, Renzo e Lucia, D'Annunzio e le sue conquiste femminili senza fare mai un accenno agli amanti di sesso maschile del Vate[12].

Non esistevano a quell'epoca Netflix, Disney plus, Prime e le serie televisive inclusive.

Dovevi cercare alternative fra gli scaffali delle biblioteche e sperare di essere rapito in un entusiasmante vortice affettivo.

Non sempre gli scaffali erano così ricchi di volumi gay friendly. Non ricordo di aver mai visto in bella mostra *The front Runner* di Nell Warren oppure saggi a tematica Lgbt. Fu in quel momento che mi accorsi dei volumi di Aldo Busi ed è grazie a lui se il mio percorso di accettazione ha avuto inizio. Per la prima volta l'omosessualità veniva affrontata senza drammi e ombre chiesastiche all'orizzonte. Nessun senso di colpa alla Pasolini ma soltanto l'orgoglio di essere fieri e liberi. Il mio debito di riconoscenza verso Aldo Busi è infinito.

---

[12] Cfr. F. Buffoni., *Silvia è un anagramma*, op. cit., p. 185-188.

In quegli anni durante le vacanze estive mi recai con i miei genitori in Spagna e più precisamente a Barcellona. Ricordo che scendendo le scale per arrivare alla piazza vidi due ragazzi abbracciati che si baciavano. Li guardai con grande affetto e in quel momento capii davvero che non ero solo e che in una società meno retriva e bigotta di quella italiana avrei potuto vivere serenamente i miei sentimenti. In quella piazza, la Font Màgica Montjuïcla, la sera si poteva assistere ad un fantastico gioco di luci e acrobazie acquatiche al suon di musica. Avevo all'incirca 14 o 15 anni e frequentavo il liceo. Mi ero innamorato di un mio compagno di classe. All'inizio non potevo immaginare nulla riguardo i suoi sentimenti ma mi trovavo così bene in sua compagnia che non vedevo l'ora di rincontrarlo.

Dopo essere stato al museo Picasso gli avevo inviato una cartolina con una riproduzione di un dipinto raffigurante due persone che si baciavano. Per me era un segnale ma lui non lo colse se non molto tempo dopo.

La nostra amicizia procedeva spedita e io avvertivo sempre più un'attrazione che andava ben oltre il solito rapporto. Purtroppo la mia vicinanza al mondo cattolico bloccava ogni slancio. Non riuscivo a liberarmi da quella zavorra per spiccare il volo. Avete presente quando nei cartoni animati il protagonista deve prendere una decisione e si trova da entrambi i lati delle spalle un angelo o il diavolo a consigliarlo? Beh, io non vedevo loro ma il volto corrucciato di Wojtyla. Vi assicuro che non era un bel vedere.

A distanza di anni sento ancora in sottofondo i versi della canzone di Renato Zero *Souvenir*:
"Primo amore che sei, destinato a morire.
Primo, timido amore. Sempre ultimo, tu...
Tu un gigante, seppure, hai lo sguardo bambino.
Tu, un temporale, sebbene, non pioverà più!
Breve e intenso sei tu. Irripetibile amore.
Figli ne avrai, ma nessuno, somiglierà a te.
Primo amore, non hai quasi mai, un avvenire.
Solo la rabbia rimane, in chi ti ha perduto così!
Quante volte vorrei, tornare ancora a mentire.
Trovare abbastanza argomenti, per tenerti con me".

Questo ragazzo mi fece capire di provare davvero qualcosa per me. Me lo dimostrò con gesti e parole e in più occasioni ma io non riuscivo a sbloccarmi. Stare con lui era qualcosa che mi faceva stare bene. Ricordo le nostre uscite del sabato sera per andare al cinema ma rimpiango ogni singolo giorno il non aver saputo cogliere l'occasione e dire all'unica persona di cui mi sono innamorato in vita mia che ero pronto. Eravamo inseparabili e il nostro legame è rimasto intatto per tutti gli anni del liceo. Visto che il nostro rapporto non procedeva verso il senso sperato ho assistito al nascere del suo amore con colui che oggi è suo marito. Lui ha avuto più coraggio di me nell'affrontare i propri sentimenti. Quella fottuta religiosità mi aveva ostacolato e per questo motivo da molti anni a

questa parte considero la religione come un veleno per il corpo e l'anima.
So cosa ha fatto a me e alle persone come me. Non posso e non voglio dimenticarlo.
«Come è intellettualmente e eticamente possibile che uno si dichiari gay o lesbica e poi resti un cattolico che foraggia il suo nemico per eccellenza da millenni nella speranza di trarne un qualche beneficio, materiale o immateriale che sia, un seggio parlamentare o un'assoluzione addirittura? L'ho straripetuto: un omosessuale cattolico è come un ebreo nazista»[13].

****

Trovo illuminante la riflessione contenuta nel film *Weekend* del regista inglese Andrew Haigh (2011): «La relazione etero esiste perché possa essere ereditata. È lì per plasmare le tue fondamenta, definire le tue basi. Lui incontra lei, si innamorano e si incamminano verso i prati. Tutta la tua vita è definita così ok? Nei libri, nei film, nei programmi tv ogni cosa ti viene data in eredità, ti viene trasmessa».
Così spiega Glen ad un uomo etero incontrato in un bar. Quest'ultimo chiarisce di essersi sentito infastidito dal tono di voce di alcuni gay e non dal loro orientamento sentimentale.

---

[13] A. Busi., *E Baci*, Op. cit., p. 205.

Il personaggio di Glen interpretato dall'attore Chris New sottolinea la totale falsità dell'enunciato. Le persone gay sono costrette a non poter mai parlare in pubblico di sesso per non offendere gli etero. Egli invece vive la propria sessualità in modo spontaneo e cristallino a differenza di Russell (Tom Cullen) che vive tutto in modo riservato.

Fin da piccoli ereditiamo e assorbiamo questo canovaccio scritto dagli etero per plasmare i nostri desideri e uniformarci ad un principio eteronormativo. Per intenderci la norma è incentrata su un uomo e una donna che si innamorano e formano una famiglia a cui trasmettere la stessa minestra riscaldata. La nostra discriminazione inizia fin dall'infanzia. Magari oggi la narrazione cinematografica e televisiva è cambiata, ma ai miei tempi non c'era alcuna via di scampo. Nei cartoni animati non vi erano riferimenti né esR4111111iti né velati. Forse solo Lady Oscar accendeva un faro sull'argomento[14].

La Disney non era così inclusiva come oggi e i suoi film animati enfatizzavano solo l'aspetto etero delle fiabe.

Era chiaro che quando guardavamo quei capolavori animati non ci sentivamo del tutto compresi ma a quell'età la nostra consapevolezza era ottenebrata dai dettami della società di appartenenza. Siamo cresciuti quindi con riferimenti etero a cui guardare pur sapendo di non farne parte. Ricordo ad esempio certe atmosfere di un videoclip di Jimmy

---

[14] Cfr. C. A. Porcino Ferrara., *Altro e altrove*, Lulu Edition, 2018, pp. 104-108.

Sommerville cantante dei Bronski Beat che mi metteva una certa tristezza addosso. Penso a *Smalltown boy* del 1984 dove il cantante guardava in piscina il corpo di un giovane nuotatore ma non poteva in alcun modo far trasparire il suo trasporto erotico sentimentale. Scherzava con alcuni suoi amici e nello spogliatoio incontrava lo stesso ragazzo che osservava dall'alto. Poi nel videoclip si vedeva una scena in cui la polizia lo accompagnava a casa pieno di sangue e di lividi perché un gruppo di omofobi capeggiati dal nuotatore lo aveva picchiato. La madre e il padre cercavano in tutti i modi di sapere la motivazione di quel pestaggio e quando la intuirono il padre si alzò per menarlo ma venne stoppato dalla guardia. La madre piangeva accanto per la vergogna subita e così il giovane fu costretto ad andare via di casa e a riflettere sulla sua vita seduto su un treno in movimento. Adesso ditemi voi quale entusiasmo potevo provare all'epoca per il mio orientamento sentimentale?

Nella prima parte della mia infanzia quando si parlava di omosessualità si finiva sempre con la drammatizzazione della cosa oppure con la rappresentazione macchiettistica alla *Vizietto* e di conseguenza non era così semplice esporsi e accettarsi. Non di rado pur non nominandola mai, l'omosessualità intendo, si finiva per inserirla in un contesto denso di promiscuità e dalle tinte crime come nel film di Alfred Hitchcock *L'altro uomo* del 1951.

Sia lodato Sir Elton John per avermi liberato da certi tentennamenti e da certe tinte fosche. La sua musica e i suoi videoclip furono per me una ventata di aria fresca.
All'epoca Elton non si era dichiarato ma non occorreva farlo. Avevo già intuito tutto. Un ringraziamento speciale va a Renato Zero che grazie alla sua musica è riuscito a sanare le mie ferite e a stimolare il processo di comprensione del mio io più intimo e profondo.

***

Ci sono diverse figure che diventano per molte persone dei punti di riferimento.
Nella comunità Lgbt ve ne sono diverse e alcune di queste hanno fatto e continuano ancora a far parte della mia vita e mi riferisco a Raffaella Carrà e Barbra Streisand.
Raffaella Carrà è scomparsa nel 2021 e la sua mancanza si avverte ancora oggi.
Artista straordinaria che ha portato nella televisione italiana (e non solo) una ventata di freschezza. Non a caso l'inglese *The Guardian* ha definito Raffaella una pioniera perché «ha aiutato le persone a vivere vite più appaganti, usando ritmi a cui nessuno che abbia sangue nelle vene può resistere». Inoltre il re di Spagna Felipe VI le ha conferito un'importante

onorificenza definendola icona di libertà. Solamente l'Italia si è dimenticata di omaggiarla in vita.

«Ho cominciato a capire il mondo gay dalla prima *Canzonissima*, nel 1970, quando iniziai a ricevere lettere di ragazzi disperati per le incomprensioni con la famiglia, pronti a uccidersi. Ho iniziato a informarmi, anche perché molte persone dei cast dove ho lavorato, costumisti e truccatori soprattutto, erano gay. Mi sono sempre chiesta com'è possibile che esista questo gap tra genitori, figli, amici e società di fronte a delle creature? Sono diventata icona gay mio "malgrado", non ho fatto nulla, mi sono limitata e essere come sono, come mi viene naturale»[15].

C'è da dire che non ho mai venerato alcun tipo di divinità ma nella mia camera da letto la sua immagine così iconica e unica è stata per me oggetto di rara devozione. Nel tempo le sue immagini si sono succedute con grande frequenza. Stanze, case ed età mutavano ma non la sua presenza. Poster, album e quant'altro celebravano la sua straordinaria attitudine alla perfezione. Impossibile rimanere indifferenti al talento puro di questa dèa straordinaria così libera e così immensa. Raffaella con le sue canzoni e i suoi balli ha illuminato la mia infanzia e la sua luce splenderà in eterno.

---

[15] M. Visentin., *Raffasofia. Per trovare la felicità-tà-tà*, Libreria Pienogiorno, Milano, 2021 p. 40.

Ricordo che avevo all'incirca 12-13 anni e la Rai trasmetteva quell'estate in prima serata *The concert,* il concerto di Barbra Streisand. Appena scese le scale del Madison Square Garden di New York e iniziò a cantare *As if we never said goodbye* fu amore a prima vista. Quest'altra dèa mi aveva stregato con la sua voce. Da quel giorno iniziai a seguirla e a vedere tutti i suoi film e ad acquistare i suoi cd. Ogni qual volta mi reco a New York, la mia seconda casa, compro sempre un disco di Barbra. La sua voce così potente e carismatica è riuscita a liberarmi da certe insicurezze e a regalarmi serenità.

Il suo secondo film da regista *Il principe delle maree* è uno dei miei film preferiti così come *The Way We Were*. Mi rivedo molto nell'attivismo politico di Katie Morosky, il personaggio interpretato da Barbra nel film di Sidney Pollack. Talvolta vorrei essere più diplomatico e meno rompiballe e irruente ma invece mi comporto esattamente come Katie. Quando devo difendere le mie convinzioni mi espongo totalmente e non riesco a fingere un distacco. Katie ama follemente Hubbel Gardiner (Robert Redford) ma non scende a compromessi, nemmeno in amore. Lo ammetto, sono un romanticone o per meglio dire l'ultimo romantico.

Ma ritornando alle nostre due icone possiamo dire che Raffaella e Barbra si sono prodigate spesso per i diritti civili. L'unico figlio di Barbra, Jason Gould, è gay dichiarato e la madre lo ha sempre saputo e supportato. Barbra all'inizio della sua carriera fu definita l'erede di Judy Garland, altra icona gay, e durante i primi Pride la canzone di Judy non poteva mancare. Era quasi un inno urlato a squarciagola. L'idea della bandiera rainbow è un omaggio alla canzone che lei cantò nel *Mago di Oz, Over The rainbow*. Ben prima di *Born this Way* di Lady Gaga si cantava *Over The rainbow*.

Anche qui vorrei aggiungere una nota a margine. Il film che amavo di più da bambino era proprio il *Mago di Oz* e il film interpretato da Judy era ed è per me un cult.

Addirittura nel film *Stonewall* di Nigel Finch si accostano i moti di Stonewall alla morte di Judy Garland.

***

Ci sono scrittori che riescono a descrivere aspetti della tua vita con assoluta maestria e mi riferisco ad André Aciman. Aciman con il suo libro *Chiamami col tuo nome* ha accelerato in me il processo di accettazione e mi ha aiutato nella normalizzazione dei miei sentimenti. La cosa si è ripetuta anche con l'omonimo film diretto da Luca Guadagnino.

Chiamami col tuo nome celebra l'incontro di due anime gemelle che si riconoscono e si cercano. Esse si annusano e si percepiscono in un battibaleno, ma il percorso verso l'identificazione è piuttosto arzigogolato. Il romanzo di Aciman concretizza il mito raccontato da Platone nel *Simposio*. Ognuno di noi è alla ricerca dell'altra metà separata e dispersa nella notte dei tempi. La parte mancante che si ricongiunge al nostro io e ci rende felici. Ma la vita con i suoi ipocriti e crudeli pregiudizi sociali si frappone a questi brevi e intensi intervalli di felicità. Oliver ed Elio sono un tutt'uno. Ed è proprio Elio a ricordare un verso di Emily Brontë che definisce benissimo la sua relazione con Oliver: "lui è me più di me stessa".

Aciman ci porta a ricordare gli anni intensi e confusi dell'adolescenza. Dimentichiamo spesso che esistono gli amori ma ciò che più conta è il vero amore. Soltanto se sei fortunato lo incontri davvero nella tua vita. Non tutti, ahimè, riusciamo a trovarlo. Questo accade forse per un sadico gioco voluto dagli dèi oppure per non scontentare l'egoismo di

Zeus. Proprio per questo ci tocca vagare e sperimentare l'alfabeto emotivo dei nostri simili durante l'intero arco della nostra esistenza. Eraclito, filosofo tanto caro a Oliver, sosteneva che: «Se non ti aspetti l'inaspettato, non lo troverai». In verità solo dopo aver trovato chi combacia con la ferita cicatrizzata da Apollo può essere chiamato Amore. Ed è questo che ci insegna l'intensa e poetica storia d'amore di Elio Perlman e Oliver.

La trasposizione cinematografica di Guadagnino è riuscita a toccare le corde della mia anima e a smuovere qualcosa che da tempo non sentivo più. Dalla data della sua uscita ho visto così tante volte questo capolavoro da sapere a memoria battute e scene. La cosa ancor più toccante e che non mi stanco mai di guardarlo. Libro e film sono il mio luogo del cuore, quel posto in cui rifugiarmi quando tutto intorno a me diventa grigio.

Ma ritornando a *Chiamami col tuo nome* c'è una scena del libro e del film che rappresenta magnificamente la mia situazione attuale.

Per anni sono stato un cavaliere inesistente desideroso di esser visto dentro la mia armatura di ferro scintillante ma questo non accadeva quasi mai o perlomeno non come volevo io. Come il giovane Perlman volevo esser visto e ascoltato davvero.

Elio è un ragazzo sveglio, caparbio e colto ed è proprio a causa di questa sua cultura che Oliver esclama "C'è qualcosa che non sai?".

Le parole di Elio descrivono ciò che per tanto tempo ho provato.

«Lo guardai. Era il mio momento. Potevo cogliere l'attimo, oppure farmelo sfuggire, ma in entrambi i casi sapevo che non me lo sarei mai perdonato. Oppure potevo godermi il complimento… e tenermi i rimpianti per il resto della vita. (…)
«Io non so niente, Oliver. Niente di niente.»
«Invece ne sai più di chiunque altro.»
Perché rispondeva al tono semitragico del mio commento con un blando tentativo di lusinga?
«Se solo sapessi quanto poco so delle cose che contano davvero…»[16].

Oliver continua a chiedere ad Elio quali sono le cose che contano e Elio gli fa capire una volta per tutte che si è innamorato di lui.

Il romanzo di Aciman e il film di Guadagnino hanno apportato una scossa emotiva alla mia vita pari a quella provata in fase adolescenziale. Il risultato però è stato totalmente diverso. Anziché ricacciare nel limbo i miei sentimenti e farmi del male li ho analizzati, accettati e fatti entrare nella mia vita. Questo percorso mi ha reso più libero e sereno.

Ancora oggi di fronte all'amore mi sento come il giovane Elio, inesperto e fragile. Il nostro bagaglio culturale non ci protegge dalle delusioni d'amore ma forse ci rende ancor più fragili.

---

[16] A. Aciman., *Chiamami col tuo nome*, Op. cit, p. 84.

Proprio per questo ribadisco l'importanza di libri, musica e film nel processo di comprensione e normalizzazione dei nostri sentimenti. Soprattutto ritengo di vitale importanza un clima sereno in famiglia. Io sono stato il carnefice della mia vita perché ho preferito farmi del male anziché aprirmi. La mia famiglia mi ha sempre amato e incoraggiato e di conseguenza le mie paure potevano essere sconfitte ben prima. Il loro amore per me è stato ed è fondamentale per andare avanti. Per ogni cosa esiste un tempo ed evidentemente la mia sofferenza doveva esistere per rendermi la persona che sono.

Adesso che sono giunto a 42 anni e sono meno sconsolato e più forte di quando ero un semplice ragazzino sono pronto a far entrare nella mia vita l'elemento di destabilizzazione più conosciuto e raccontato dagli esseri umani: l'Amore. Forse sarà uno come Oliver o Elio oppure chi lo sa. Resta il fatto che chi incontrerò lungo il mio cammino non mi è dato di saperlo e di conseguenza inutile prodigarmi per cercare delle risposte. Come ha scritto il mistico indiano Ramana Maharshi:

"Ciò che deve accadere, accadrà

Perché è già accaduto".

Un sodalizio filosofico

Nel 1995 viene pubblicato un disco che possiamo definire puramente filosofico. Il musicista e cantautore Franco Battiato decide per la prima volta di non scrivere i testi delle sue canzoni e di affidarli al filosofo Manlio Sgalambro. I due daranno vita all'album *L'ombrello e la macchina da cucire*. Il titolo richiama una poesia del poeta francese Lautréamont, pseudonimo di Isidore Lucien Ducasse: «Bello come la retrattilità degli artigli degli uccelli rapaci; o ancora, come l'incertezza dei movimenti muscolari nelle pieghe delle parti molli della regione cervicale posteriore; [...] e soprattutto, come l'incontro fortuito su un tavolo di dissezione di una macchina da cucire e di un ombrello!».
Battiato e Sgalambro si erano incontrati per la prima volta nel 1993 in occasione della presentazione della raccolta poetica *Trigonometria di ragni* dell'amico comune, Angelo Scandurra. Da quel momento, filosofo e musicista intrapresero la loro collaborazione. Lo racconta lo stesso Sgalambro nella sua ultima intervista apparsa su *Freetime*: «Un giorno venne questo tipo spiritato (Battiato n.d.r.), con gli occhi di fuori, e mi portò un assegno di 60 milioni per fargli un libretto d'opera (*Il cavaliere dell'intelletto* n.d.r.): accettai. Dopo poco gli dissi che se avesse accettato lui, gli avrei scritto in venti giorni un album completo: così nacque "L'ombrello e la macchina da cucire"». È bene sapere che nel 1989 Sgalambro aveva

pubblicato il libro *Del metodo ipocondriaco* (Il Girasole Edizioni), e da questo testo nacque l'album del 1995. Dopo l'uscita de *L'ombrello e la macchina da cucire* decisi di accostarmi all'opera di questo filosofo così criptico e mi recai in biblioteca. Presi in prestito il suddetto libro e mi colpì che molti versi contenuti nel testo erano diventate delle canzoni che canticchiavo in quel momento. Naturalmente il linguaggio di Manlio non era per nulla semplice, soprattutto per un ragazzo di quindici anni ma questa fu una costante di tutta la sua produzione filosofica. In una mia recensione di qualche anno fa in merito al suo libro *Nell'anno della pecora di ferro* scrissi: «I versi di Sgalambro possono apparire a dei lettori poco avvezzi alla sua scrittura come dei pensieri inesplicabili, ermetici e oscuri. Ma i suoi versi sono al contempo caustici e cicatrizzanti, feroci e amabili, deliranti e realistici. In lui riecheggiano echi di ricordi passati o solamente preconizzazioni di eventi futuri. Riflessioni fulgide ed esemplari di un pensatore non organico ad alcun sistema accademico, ma ancora in grado di dire qualcosa di vero in un magma scomposto di rumori e voci. (...) Un libro per certi aspetti d'altri tempi, che descrive con crudo realismo l'essenza di questa civiltà schiava di automatismi e clichè».
Sin dalla prima canzone, che si chiama così come l'album, avvertiamo il tono dell'intero lavoro musicale.
"Ero solo come un ombrello su una Macchina da cucire.
Dalle pendici dei monti Iblei, a settentrione.
Ho percorso il cammino, arrampicandomi

Per universi e mondi, con atti di pensiero e umori cerebrali. (...)
Schizzano dal cervello i pensieri
Fini le calze, la Coscienza trascendentale, no, l'Idea si incarna".

Il linguaggio battiatesco non era certamente estraneo al lessico e alla terminologia filosofica ma con l'arrivo di Sgalambro la cosa si fece molto più evidente. Per me, affascinato da quel linguaggio che celava concetti sconosciuti ma decisamente importanti, fu un incentivo per avviarmi alla ricerca di tali significati. Imperativo categorico, teorema diabatico, tao, moto browniano, rasoio di Ockham, o personaggi come Gesualdo da Venosa e i suoi madrigali, Baldassarre Galuppi, Gotthold E. Lessing, l'Ornithology di Charlie Parker etc., mi spinsero a saccheggiare i vocabolari e le enciclopedie che possedevo in casa. Fu proprio la canzone *Moto Browniano* a farmi trovare preparato anni dopo ad una interrogazione di Chimica: «Moto browniano, particelle di polline, pulviscolo londinese». M'incuriosì anche un'altra canzone chiamata *Fornicazione*. Da anni tale terminologia non veniva più utilizzata per descrivere la passione carnale fra due individui.

"Fornicammo mentre i fiori si schiudevano al mattino e di noi prendemmo piacere
si l'un l'altro
ora la mia mente andava
seguiva le orme delle cose che pensava una canzoncina ardita mi premeva

le ossa del costato
e il desiderio di tenere le tue tenere dita (...) vorrei tra giaculatorie di versi spirare
e rosari composti di spicchi d'arancia
e l'aria del mare
e l'aria del mare
e l'odore marcio di un vecchio porto e come pesce putrefatto putrefare
libero".

Sgalambro non era nuovo a questa tematica, infatti sia nei suoi libri e in diverse canzoni ha toccato spesso l'argomento sessuale; pensiamo ad esempio, e in ordine sparso, a *Ecco come va il mondo*, *Auto da fè*, *Memorie di Giulia*, *Come un sigillo*. Quando uscì l'album Battiato dichiarò in un'intervista che anche se non aveva scritto i testi si ritrovava pienamente nelle parole di Sgalambro. Nelle canzoni vi erano narrati anche degli episodi che Battiato non aveva vissuto in prima persona. Infatti in *L'ombrello e la macchina da cucire* in un verso di *Piccolo Pub*, canta: «Nel '43, ero malato, vidi tutta la mia vita sudato scorreva finita». Chiaramente il soggetto non poteva essere il cantautore siciliano in quanto nacque solamente due anni dopo. Probabilmente l'episodio narrato da Sgalambro si riferiva alla sua malattia descritta nel libro *Quaternario*, dove prese anche consapevolezza della sua esistenza di figlio e dell'amore incondizionato dei propri genitori.

Ma Battiato e Sgalambro non si sono limitati esclusivamente alle opere musicali. Il cantautore ha diretto quattro film co-sceneggiati con Sgalambro e il cui primo esperimento cinematografico è stato *Perduto Amor*. Quest'ultimo è un fulgido esempio di film a sfondo filosofico. Nell'opera cinematografica sopracitata, Sgalambro interpreta il professor Martino Alliata il quale afferma: «Il tramonto della scrittura si è già avviato. La parola scritta è ridotta a segno come l'incisione sulla scorza di un albero. Con l'acculturazione delle grandi masse, sempre più vasti gruppi passano dall'oralità al gergo scritto. I cosiddetti problemi di comunicazione spazzano via la grande avventura della Forma. Comunicare è da frettolosi, compari che con un'ammiccata, un rutto o un alzar di ciglia segnalano le loro burrascose intenzioni. Comunicare è da insetti, esprimerci ci riguarda»[17].

Questo ci dimostra che la filosofia può lasciare le aule universitarie ed approdare nelle forme d'arte più popolari come la musica e il cinema, e coinvolgere un pubblico più vasto per una nuova acculturazione o per meglio dire per una vera alfabetizzazione. Se è vero che abbiamo appreso da piccoli l'alfabeto per comunicare, una roba da insetti quasi automatica, non possediamo, però, i mezzi o la Forma per esprimerci. Ed è in questo che la filosofia gioca la sua più importante partita. Novalis affermava: «filosofare significa deflemmatizzare e vivificare». L'uomo non trova il modo di

---

[17] Le citazioni riportate nel mio saggio sono tratte dal copione originale di *Perduto Amor* donatomi da Franco Battiato.

esprimere il lato nascosto e spirituale della propria personalità. Lo soffoca al suo interno perché la società tenta di stroncare sul nascere ogni impeto filosofico. La filosofia però causa dei dolori all'esistente. In modo molto crudo Sgalambro in *Anatol* (Adelphi, 1990) scrive: «Sono perplesso sulla fiducia che riponete nella filosofia come fonte di educazione. La filosofia genera mostri e non "toilettes de circonstance". Parlo naturalmente di quella che scava nella mente e non si appaga di notizie». La vera filosofia sconvolge i ritmi quotidiani perché ci accompagna a capire la realtà circostante. Sempre all'interno del film *Perduto Amor* il protagonista, Ettore Corvaja, domanda al professor Alliata: «Mi chiedo, serve studiare filosofi ormai superati...che niente hanno a che fare col nostro tempo?». E Alliata risponde: «Quando considero il piccolo spazio che occupo e anche quello che vedo perduto nell'infinita immensità degli spazi che ignoro e che mi ignorano, mi atterrisco e mi stupisco di vedermi qui piuttosto che altrove, perché io sia oggi piuttosto che allora». La non conoscenza e la ripartizione temporale del pensiero spaventa il filosofo, perché egli sa che data la sua finitezza e la posizione così insignificante che occupa nello spazio non può esimersi dall'andare incontro ad un sapere olistico che travalica la cronologia e la materialità.

Desidero ricordare che dopo la morte di Sgalambro è uscito postumo *Dal ciclo della vita*. Come racconta nel libro il poeta ed editore Angelo Scandurra: «In origine, la concezione di questo libro nasce affettuosamente per la ricorrenza del

novantesimo genetliaco di Sgalambro (...) Successivamente, attraversato da un presagio purtroppo rivelatosi fatale, me ne sollecitò la stampa. Le ultime bozze, così, mi furono affidate tre giorni prima della sua scomparsa. Il volume viene pertanto fedelmente pubblicato come concordato con l'Autore». Il libro in questione è il testamento filosofico di Sgalambro. Attraverso la poesia Il filosofo di Lentini squarcia la sacra banalizzazione del verso per denunciarne gli abusi:
«Voglio parlare della banalità del poetare e dell'azzurro del mare
Il decennio che scorre si porta via
Il millennio e lo butta in un cesso».
Con ghigno filosofico l'autore osserva il disfacimento di questo secolo e ne riporta gli umori e i malumori. Non è compito suo quello di redimere o indicare vie per la salvezza della nostra anima: «Io non voglio salvare nessuno. Ma ricondurre l'individuo al presentito destino. E tutto ricomporre nelle sua solennità. Ne ho abbastanza di sentimenti. Mi ispiro all'attica bianchezza della pietra». Con ritmo serrato e spietato Sgalambro riflette sulla ciclicità della vita da una prospettiva disincantata: «Io vivo sul finire del sistema solare. Sdraiato sotto un faggio attendo che si spengano le stelle una ad una come i fanali a gas di una viuzza di Alessandria, una volta». In un fitto viaggio da un punto all'altro del globo affiorano ricordi, immagini frammentate e precise. Ciò che si è letto si mescola alle esperienze realmente esperite durante la propria vita. Tutto è entrato in sé e tutto ritorna come uno stato ipnotico al

momento della riflessione esistenziale. Il suo ultimo lavoro è «un saggio erudito esposto in versi»; e sancisce definitivamente che il poetare non è un lavoro per saltimbanchi dell'ultima ora, ma una cogitazione che investe l'arco vitale e segna un ritorno alla terra e nella terra. In lui si evidenzia un distacco emotivo nei confronti di ciò che spesso affligge la nostra umanità. Un'indifferenza scostante che hanno spesso i ragazzini e che rasenta il cinismo. Un cinismo riscontrato anche in uno scrittore come Henry Miller. Quest'ultimo ha scritto in *Tropico del capricorno* (1938): «Per esempio ricordo il caso del mio giovane amico Jack Lawson. Un anno intero rimase a letto soffrendo le pene dell'inferno. Era il mio miglior amico, o comunque così dicevano gli altri. Bene, da principio mi dispiacque, (...) ma trascorsi un paio di mesi, ci feci il callo, alle sue sofferenze. Mi dissi: tanto deve morire e prima muore meglio è; ed avendo pensato così, agii di conseguenza, cioè me ne scordai presto, lo abbandonai al suo destino. Avevo appena dodici anni allora (...) Eccoli lì, amici e parenti tutti adunati attorno alla bara a frignare come scimmie malate (...) Lui era morto e non c'era alternativa. Io lo sapevo e n'ero contento. Non ci sprecai lacrime. Non potevo dire: meglio così per lui, perché dopotutto "lui" non c'era più. Andato, lui, e con lui le sofferenze che aveva patito e la sofferenza che senza volere aveva inflitto agli altri. Amen! dissi fra me, e con questo, siccome ero un po' innervosito, mollai una gran scorreggia, proprio accanto alla bara». Tale apparente "crudeltà", a tratti, la si ritrova in alcune riflessioni sgalambriane sull'esistenza dell'uomo.

Nonostante la difficoltà dei suoi libri Sgalambro non ha mai avuto paura nel far trasparire alcune immagini di vita vissuta. Perfino nei testi scritti per Battiato emergono squarci d'esistenza. Tutto ciò lo si può verificare leggendo uno dei suoi libri meno conosciuti ma decisamente uno fra i più intensi, *Quaternario*. Durante la lavorazione con Battiato il filosofo si trovava a Parigi, e fu lì che decise di appuntare le sue sensazioni più intime: «Ho creduto che gli avvenimenti della mia vita richiedessero le sfaccettature dell'eterno. O, in altre parole, che la misura del giorno non mi toccasse per nulla. Scopro di essere un'esistenza del giorno come uno qualsiasi. Non mi vergogno della mia durata. Ma della misura che d'un tratto trovo che è la mia come di chiunque. Sono un essere da diario! Un uomo del quaternario!» (Manlio Sgalambro, *Quaternario. Racconto parigino*, Il Girasole Edizioni, 2006). Camminando per i boulevard parigini Sgalambro si appropria del sentimento che respira nella capitale francese. Visita le biblioteche e arriva a sostenere che: «Sogno che i miei libri vengano dispersi ai quattro venti, che non ci sia nessun luogo in cui li si conservi e che solo il fato li conduca a questo o a quello per vie che esso solo sa» (Op. cit). Il testo riporta massime filosofiche degne di un buon manuale: «Il concetto di verità è logoro. Ogni volta che parlavamo di verità piangevamo inteneriti e uccidevamo il vitello grasso. Così abbiamo logorato la verità, facendole troppe feste e mangiando cibi troppo succulenti». In un testo di grande spessore Sgalambro mette per iscritto i suoi pensieri sull'infanzia, ricordando particolari intimi, e allo stesso tempo non lesinando feroci critiche alla politica, alla religione e ad ogni altro aspetto della cosiddetta cultura. Inoltre in un passo del testo scrive: «Sono infestato dai ricordi. Dio, come ne farei a meno! Io mi riconosco dall'essere interamente presente. Eppure da qualche parte mi assedia qualcuno con un vestitino grigio, condotto per mano... Ne vedo i tratti, i capelli con la riga, occhi bruni, tristi... Che vuole questo qui? Sono stato quel bambino? (...) Dico «sono stato bambino» perché me lo hanno detto gli altri, ma "io" non sono stato bambino, sono stato sempre quello che sono».

Innegabilmente il sodalizio filosofico e artistico fra Sgalambro e Battiato si è tramutato presto in amicizia. Questa dicotomia è stata segnata, come in un regolare rapporto fra amici, anche da discussioni. Nell'intervista già citata di Concetta Bonini sul magazine *Freetime* Sgalambro ha dichiarato: «Anche perché io non sono un grande seguace dell'amicizia. Con Battiato abbiamo avuto lunghe liti, che duravano parecchio. Poi uno dei due, in genere lui, telefonava e il rapporto riprendeva. Tutti i litigi erano per un rigo da cambiare in una canzone: io non accettavo le esigenze della musica e per lui questo era costoso». Infine lo stesso filosofo scriverà di questa lunga conoscenza con l'amico musicista: «È vero, due perfetti amici ormai tacciono. Non hanno più nulla da dirsi. Ma nel senso superiore. Godono delle loro sembianze stando accanto e delle loro anime stando lontano. Il mortificante chiacchiericcio non prevale sulle ragioni profonde per cui l'esistenza reciproca è assaporata come aria pura di montagna. Eppure si deve parlare ancora, e sfidare con turbanti parole l'atroce sordità del mondo. Ma in ultimo nel momento migliore della loro amicizia sono solo loro due. Tra essi non si introduce che l'incanto della Forma che dànno a emozioni comuni» (M. Sgalambro, *Sodalizio* in F. Battiato, *L'alba dentro l'imbrunire*, Einaudi 2004).

Per quanto mi riguarda ho conosciuto Sgalambro in giovane età.
In piena adolescenza aiutato dalla musica di un certo tipo come quella del cantautore Franco Battiato mi accostai all'opera del filosofo contemporaneo Manlio Sgalambro. Da qualche anno Sgalambro aveva iniziato la sua collaborazione con Franco. Così, visto che il filosofo risiedeva nella mia città, decisi di scrivergli una lettera. Gli spedii tale missiva ma non ricevetti alcuna risposta. Qualche anno più tardi ebbi modo d'incontrarlo in una manifestazione organizzata in estate dallo stesso Battiato. Perciò mi presi di coraggio e andai a parlargli. Sgalambro aveva un' espressione burbera, sempre accigliata. So da fonte certa che non amava essere fotografato mentre rideva. Gli ripugnava il pensiero di essere ritratto nel momento in cui sorrideva. Lui stesso scrisse: «Sì, quella bella ragazza che ride come una folle, appagata e felice, sa essa che in

questo stesso momento è sfiorata dai vermi?» (Manlio Sgalambro, *Del pensare breve*, Adelphi, 1991).

In un incontro di cui parlerò dopo lo vidi però sorridere e scherzare come un nonno fa con i suoi nipoti nella libreria in attesa che iniziasse la sua presentazione. Alcuni ragazzi parlavano con lui di musica e gli raccontavano che avevano fondato un gruppo pop rock. Così Sgalambro gli propose di scrivergli un testo per una loro canzone, e i ragazzi ne furono entusiasti. Ma ritornando a quel primo incontro mi accostai a lui e mi presentai. Gli domandai perché non mi aveva mai risposto, e lui perentoriamente mi disse di non aver mai ricevuto nulla. In fondo non avevo spedito una raccomandata e forse non l'aveva ricevuta davvero, oppure semplicemente non gli andava di rispondermi. Ho sempre dimostrato più della mia vera età anagrafica e così a quindici anni sembravo quasi diciottenne. Sgalambro mi chiese: "Lei a quale schieramento filosofico appartiene?". Rimasi di sasso. La mia cultura filosofica non era ancora così nutrita e non sapevo proprio collocarmi in alcun schieramento. La mia vita era così complicata in quel momento che non potevo certamente occuparmi di schierarmi filosoficamente con nessun pensatore o corrente. Gli risposi che ero solo un adolescente che apprezzava la sua opera e non aveva ancora intrapreso dei veri studi di filosofia. Allorché Sgalambro, accennando quasi un sorriso mi disse di studiare tale disciplina e poi di andarlo a trovare più in là. Fummo interrotti da Battiato che salutandomi cordialmente invitò il professor Sgalambro a salire sul palco. Anni dopo essermi laureato andai alla presentazione di un suo libro. Aspettai la conclusione dell'evento e poi mi recai con la copia del testo per farmela autografare. Mi avvicinai e mi presentai, e lui come folgorato mi rispose: "Lei è il filosofo impertinente! Ho letto le sue recensioni ai miei ultimi lavori. Devo dire che le ho apprezzate". Lusingato per il complimento parlammo un po' delle amicizie in comune e poi venne il momento di autografare il libro. Sgalambro scrisse di getto le seguenti parole: "A Cristian, esegua attentamente i dettami della mente. Lo faccia anche lei. (Che voglio dire?). Manlio Sgalambro". Quella fu l'ultima volta che lo incontrai. L'anno dopo, il 6 marzo 2014, Sgalambro morì.

Aver conosciuto da ragazzino un filosofo autorevole come Sgalambro mi spinse sempre più ad avviarmi verso il mondo degli arrovellamenti filosofici. A pensar bene forse fu quel primo incontro a destare in me la consapevolezza che un filosofo non era poi così diverso da me. Non era una foto ingiallita o un busto commemorativo come quelli stampati sui manuali di filosofia. Egli era una persona, con tutte le sue contraddizioni e pregi. Forse la filosofia mi aveva scelto per diventare un seguace di questa meravigliosa disciplina, o chi lo sa.

Il tempo metterà tutto in ordine.

Calum Scott e la lotta all'omofobia

Adoro Calum Scott e lo dichiaro fin da subito.
Molti in Italia non conoscono nemmeno il suo nome ma in tutta Europa e in Usa ha un seguito da far paura. Classe 1988, nato a Kingston Upon Hull (UK), due album all'attivo (*Only human* e *Bridges*) e una carriera lanciatissima nel mondo discografico.
Mi sono accostato alla sua musica quasi per caso e da quel momento non posso più farne a meno. La sua bellezza così candida e sexy e la sua voce straordinaria avviluppano i miei sensi e riempiono di significato questa mia atipica estate.
Calum nei suoi pezzi ha affrontato il dolore e il travaglio dell'accettazione quando si ha un orientamento sentimentale non eterosessuale. Lo ha fatto con canzoni importanti e dichiarazioni pubbliche.
La prima cosa che mi ha colpito della sua musica è stata proprio la sua voce. Il suo timbro vocale riesce a sciogliere i nodi che si aggrovigliano intorno alla mia anima. Non sapevo nulla della sua storia personale ma il suo affanno interiore mi arrivava dritto al cuore. Ci sono cose che non si possono spiegare con assoluta facilità proprio perché riguardano le emozioni e le sensazioni più intime di un individuo. Io avverto il suo dolore perché l'ho provato anch'io. Grazie ad una grammatica universale dei sentimenti due individui con la stessa sensibilità possono comprendersi immediatamente in

ogni parte del pianeta. Quando da giovani sperimentiamo la sofferenza sviluppiamo dentro di noi degli anticorpi in grado di aiutarci nella quotidianità. Le avversità ci hanno aiutato a rinascere più volte proprio come sosteneva Maria Zambrano.

Calum nella canzone *Boys In The Street* (cover di un brano di Greg Holden) racconta il disagio di un giovane omosessuale nel vivere pienamente e in pubblico i propri sentimenti. Il timore di essere giudicati dalla famiglia frena ogni slancio di affetto rivolto alla persona amata. Nella canzone in questione il padre afferma:

"Sei l'ultima cosa che volevo, l'ultima cosa di cui ho bisogno
Come risponderò quando i miei amici mi diranno
Mio figlio stava baciando i ragazzi per strada
Mio figlio stava baciando i ragazzi per strada?".

Il tema della vergogna ritorna prepotentemente.

Questo tema accomuna indistintamente donne e persone omosessuali.

Per secoli siamo stati assoggettati a regole patriarcali e machiste che ci hanno confinato in un ruolo subalterno. Siamo vittime di una maschilità tossica che ci vuole ancora oggi omologati al modello precostituito. Questi maschi alfa hanno cercato di silenziare con ogni mezzo la nostra voce. Noi eravamo afoni! Qualcuno doveva parlare al posto nostro e ovviamente toccava sempre ai maschi eterosessuali perché noi non ne avevamo il diritto.

Ma ritornando al brano *Boys In The Street* mi sovviene una riflessione di Jean Paul Sartre. Noi proviamo vergogna non quando siamo da soli ma soltanto quando qualcuno ci osserva e ci scopre. In tal modo ci esponiamo allo sguardo giudicante degli altri. Questo ci spinge a vederci con gli occhi inquisitori degli altri umani. Proprio per questo non bisogna vivere nella menzogna perché chi occulta una parte di sé potrà essere in ogni momento ricattato.

Il brano di Holden nella versione di Scott risulta più intenso e toccante dell'originale.

Proseguendo con il testo della canzone ascoltiamo il racconto del padre che ammette di esser stato vittima di una cultura eteronormativa e proprio per questo non riusciva a capire il figlio. Ecco le parole:

"Mio padre sta morendo

E finalmente si è reso conto che non sto mentendo

Ci sediamo in silenzio, ma stiamo sorridendo

Perché per una volta, non stiamo combattendo

Diceva: "Non c'era modo di sapere perché tutto ciò che mi veniva insegnato era che gli

uomini amano solo le donne, ma ora non ne sono più sicuro

Figlio mio, continua a baciare i ragazzi in strada

Figlio mio, continua a baciare i ragazzi in strada

E quando non ci sarò più, continua a baciare i ragazzi in strada".

Spesso i nostri pregiudizi sono proprio il frutto di ciò che abbiamo appreso da piccoli. Sta a noi ricercare sempre la verità per non lasciarci trasportare dalla stupidità e dall'ignoranza.

Nel 2018 Calum Scott ha rivelato l'esperienza traumatica del suo coming-out. Da ragazzo confidò il suo orientamento sentimentale al suo migliore amico e questo ragazzino tradì la fiducia di Calum e lo raccontò in giro. Iniziò così per Scott un periodo duro a causa della discriminazione messa in atto dai suoi compagni di scuola.

Da questa esperienza nacque la canzone dal titolo *No Matter What*.

La parte iniziale della canzone recita così:

"Quando ero un ragazzino avevo paura di crescere
Non lo capivo ma ero terrorizzato dall'amore
Mi sentivo come se dovessi scegliere ma era fuori dal mio controllo
Avevo bisogno di essere salvato, stavo impazzendo da solo
Ci ho messo anni per dirlo a mia madre, mi aspettavo il peggio
Ho raccolto tutto il coraggio del mondo
Lei disse: "Ti amo in ogni caso
voglio solo che tu sia felice e che sia sempre te stesso"
Mi ha abbracciato
Ha detto "Non provare ad essere qualcosa che non sei
perché io ti amo in ogni caso"
Lei mi ama, in ogni caso".

Queste parole sono un tuffo al cuore e sfido chiunque a non immedesimarsi in questi versi. Chi ha sperimentato l'ansia e la paura di rivelare ai genitori la propria omosessualità comprende perfettamente tale stato d'animo. È stupido dirlo ma è una sensazione che bisogna provare in prima persona perché è difficile da immaginare. Spesso ci lasciamo condizionare dalla paura e costruiamo mostri immaginari. Ignoriamo che nella maggior parte dei casi chi ci sta vicino ha già intuito tutto da molto tempo. I genitori ci amano senza un motivo. Sanno tutto di noi ancor prima di ascoltarci. Il cuore di una madre sa decifrare anche i nostri silenzi. La canzone prosegue così:

"Sono diventato un po' più grande buttando via il mio tempo
Cavalcando sul marciapiede, ogni giorno di sole era grigio
Mi fidavo dei miei amici, poi tutto il mio mondo è crollato giù
Vorrei non aver mai detto nulla perché per loro ora sono un estraneo
Sono corso a casa, ho visto mia madre: ce l'avevo scritto in faccia
Mi sentivo come se avessi un cuore di vetro che stava per rompersi".

Quando siamo più giovani desideriamo ardentemente condividere le nostre sensazioni con i nostri coetanei. Fidarci è il primo atto di responsabilità che mettiamo in pratica. Non tutti sono degni della nostra fiducia ma non per questo dobbiamo rassegnarci. A tal proposito Ernest Hemingway diceva che: "Il modo migliore per scoprire se ci si può fidare di qualcuno è di dargli fiducia". Le delusioni maturate ci rendono più prudenti e purtroppo più diffidenti verso il prossimo. Calum non si è lasciato incattivire e condizionare dall'esperienza passata, ma ha investito tutte le sue energie per non essere come chi lo aveva fatto soffrire.

Calum Scott è un esempio positivo perché ha trasformato tutto il suo dolore in arte, e le sue canzoni sono colme di speranza e di amore. Ha ritrovato la sua serenità interiore e grazie alla sua musica riesce ad essere d'aiuto a moltissime persone che per vari motivi vivono ancora rinchiuse in delle prigioni mentali e desiderano solamente essere liberate. Posso infine affermare, senza paura di essere smentito, che Calum Scott è un figo pazzesco e la sua musica un rimedio alle brutture della vita.

Il corpo esposto

Caro Sam, l'altro giorno mi hai chiesto quale foto dovevi postare su Instagram e sei rimasto sorpreso dalla mia espressione facciale alquanto dubbiosa. Tranquillo, non era rivolta a te ma alla scelta di volerle pubblicare. Quando entro nei miei profili social mi ritrovo catapultato in un multiverso di corpi in mostra. Per qualche istante mi trovo a camminare in un red light discrict di una nuova Amsterdam ad osservare una processione infinita di umani in vetrina. Tu sei un nativo digitale e dai tutto per scontato ma internet ha aperto le frontiere del disinibito e dell'immaginario più recondito. Ciascuno, infatti, quando si reca negli appositi luoghi virtuali trova ciò che più lo soddisfa e aggrada. L'umano diventa un catalogo assortito, un negozietto itinerante dove ognuno può scegliere il tipo di rappresentazione sessuale che lo eccita maggiormente. Attraverso gli orifizi virtuali di una sessualità manipolata e mediata dallo schermo di uno smartphone ci addentriamo all'interno di un corpo sovraesposto. Paradossalmente siamo passati da una concezione racchiusa nell'immagine dell'uomo vitruviano di Leonardo alla costruzione di un corpo fittizio che non esiste nella quotidianità. Dall'uomo come misura di tutte le cose alla cosificazione del corpo. Ti sarai già reso conto che gli utenti scaricano nel cesso i sentimenti e si nutrono solamente di un'apparizione illusoria. Un corpo fantasma dematerializzato che ha il: Terrore di essere solo prigioniero nel mondo dei viventi (Fassbinder).

Forse Sam ci stiamo davvero preparando a superare l'umano! Tu sei giovane e decidi in autonomia cosa essere in questo fantasmagorico gioco al massacro, ma io quoto Willie Peyote e dico che in un mondo artefatto "Fare schifo" è un dovere morale!

Bayard Rustin

Ben pochi conoscono Bayard Rustin mentre quasi tutti sanno chi era Martin Luther King.
Bayard Rustin (1912-1987) ha lavorato a stretto contatto con il reverendo King e lo ha guidato nelle numerose manifestazioni pubbliche che sono entrate ormai nella Storia.
Bayard Rustin era il suo più stretto collaboratore ma pochi si ricordano di questo. Nei libri dedicati all'opera di Martin Luther King la presenza di Bayard Rustin è del tutto marginale. In America soltanto una scuola porta il suo nome e lo sapete perché? Rustin era omosessuale dichiarato e in una società intrisa di omofobia non si poteva celebrare una persona talmente brillante quanto "scomoda". Bayard Rustin era un uomo illuminato che aveva frequentato Gandhi e conosceva ampiamente la forza della protesta nonviolenta. Rustin diceva: "Se fai del male agli altri, fai del male a te stesso". La sua azione politica non era rivolta soltanto agli afroamericani ma ad ogni perseguitato. Bayard Rustin viveva il suo orientamento sentimentale in totale libertà e il reverendo King lo sapeva benissimo quando lo scelse come suo braccio destro. Più volte Bayard chiese a Martin Luther King di spendersi in favore delle persone omosessuali ma il reverendo negò il suo appoggio. Quest'ultimo non voleva accostare la lotta per i diritti civili degli afroamericani con quella degli omosessuali. In fondo King era un pastore protestante e i pregiudizi di natura biblica ostacolavano la sua percezione dei

fatti. Ovviamente nessuno all'epoca si sarebbe schierato mai apertamente con la comunità Lgbt e di conseguenza King non era il solo ad avere delle riserve sull'argomento.

Dopo il barbaro assassinio di Martin Luther King l'America conobbe il volto più feroce dell'integralismo religioso omofobo rappresentato da personaggi come Anita Bryant.

Non dobbiamo dimenticare che Bayard Rustin fu arrestato diverse volte. In quel periodo amare una persona dello stesso sesso era considerato un reato penale punibile con l'incarcerazione. Il suo non essere conforme ai principi eteronormativi lo portò ben presto ad essere emarginato. Egli lavorava dietro le quinte delle manifestazioni di King ma non divenne mai il portavoce di tale battaglie. Alcuni collaboratori del reverendo, premio Nobel per la pace 1964, desideravano il suo allontanamento perché non volevano associare il proprio nome a quello dell' "immorale" Rustin.

Ci furono infatti delle varie incomprensioni con King e perfino alcuni momenti di allontanamento.

Rustin insieme a Walter Naegle, suo compagno di vita, si prodigò per ottenere i diritti civili anche per le persone omosessuali e addirittura li definì come "nuovi negri" da liberare dall'oppressione. Tale concetto è stato ripreso nel 2015 dal presidente Obama durante la sua visita a Selma in occasione della celebrazione del 50° anniversario della storica marcia voluta da King e Rustin. Barack Obama disse: "La nostra marcia non è ancora finita [...] Siamo i gay americani il

cui sangue scorre sulle strade di San Francisco e di New York".
Obama nel 2015 ha conferito la Presidential Medal of Freedom postuma a Bayard Rustin.
Negli anni 80 la piaga dell'AIDS si diffondeva a macchia d'olio nella comunità Lgbt e questo divenne un motivo in più di discriminazione ed emarginazione sociale. Proprio in quegli anni Bayard si spese per far comprendere che non esiste alcuna distinzione perché tutti apparteniamo ad un'unica comunità umana: "Siamo tutti uno!".
Bayard fu costretto ad adottare il suo compagno perché all'epoca due persone dello stesso sesso non potevano né unirsi civilmente né tantomeno sposarsi. Grazie a questa scelta Rustin riuscì a garantire a Naegle una serie di diritti dopo la sua morte.
Rustin Bayard si spense il 24 agosto 1987 a New York.
"Quando un individuo protesta contro il rifiuto della società di riconoscere la sua dignità di essere umano, il suo stesso atto di protesta gli conferisce dignità".

L'ingratitudine

Noi umani vantiamo un'inesistente superiorità intellettiva e morale sulle altre specie. A dire il vero quello che ci contraddistingue è la nostra lucida ferocia. Non è certamente il sentimento dell'Amore a spingerci nel nostro cammino esistenziale ma l'effetto dopante dell'odio e dell'invidia. Disseminiamo lungo la via rapporti falsati e inquinati. Disprezziamo il prossimo e lo riteniamo altro da noi, e ci sentiamo proprio per questo autorizzati a trattare tutti con supponenza. Codardi, spocchiosi, violenti, ingrati, ruffiani e bugiardi utilizziamo i nostri simili per i nostri turpi scopi e non proviamo alcun rimorso nel commettere certe azioni. Quando poi riceviamo l'attenzione o l'aiuto richiesto ringraziamo i nostri attuali benefattori accantonandoli come delle scarpe vecchie. La riconoscenza è un fiore piuttosto raro da trovare. Barattiamo i più nobili rapporti umani per interessi personali e ignoriamo invece il valore sacro dell'Amicizia. Chi dice di volerti bene e di esserti amico: "Non si comporta in modo sconveniente, non cerca il proprio interesse, non s'inasprisce, non addebita il male, non gode dell'ingiustizia, ma gioisce con la verità; soffre ogni cosa, crede ogni cosa, spera ogni cosa, sopporta ogni cosa" (1 Cor 13,7). Se questo non avviene non ci troviamo davanti a un rapporto sano ma stiamo sperimentando soltanto un'amicizia tossica. Non permettiamo a nessuno di riversare nella nostra mente contenuti irrazionali e destabilizzanti. Noi non siamo la pattumiera di nessuno! Rivitalizziamo quindi i sentimenti atrofizzati e impegniamoci costantemente per sviluppare la nostra intelligenza emotiva. Soltanto così eviteremo la Catastrofe.

Insegnando impariamo

I giovani non sono abituati ad essere realmente ascoltati in classe, e quando provano ad esprimere liberamente un loro pensiero vengono zittiti da un sistema gerarchico che pone al di sopra di tutto l'autorità degli insegnanti considerati custodi del sapere acquisito e quindi dato. Io non agisco così. Insegnare per me è condivisione e fascinazione. Non impongo nulla ai miei allievi e cerco sempre di stimolare il loro spirito critico attraverso il dialogo. Jean-Jacques Rousseau sosteneva che: "Per insegnare il latino a Giovannino non basta conoscere il latino, bisogna soprattutto conoscere Giovannino". Nessuna preparazione, per quanto ottima, ci esonera dal conoscere i nostri allievi. Ascoltarli è un dovere e un'occasione per crescere umanamente e professionalmente.

Oltre la tolleranza

Non esiste parola peggiore di tolleranza. Io non voglio essere sopportato ma rispettato e accettato. Non voglio nessuna concessione ad esistere. Io non voglio sopportare le persone che non la pensano come me ma ascoltarle. Io voglio condividere, dialogare, comprendere, meditare, accogliere le sfaccettature dell'umano e non tollerarle e di conseguenza discriminarle fingendo di sopportarle. Come diceva James Hillman: «Siamo qui non per capire tutto, ma per apprezzare quello che c'è».

Religiosità tossica

Credere in una o più divinità fa parte dell'essere umano. La nostra paura di morire ci spinge a ricercare dei significati che non troviamo nella realtà tangibile. Da non credente non ho mai pensato alla religione come un problema da risolvere per poi disfarmene. Personalmente posso vivere benissimo senza religione, ma non la stragrande maggioranza della popolazione. Mi preoccupano, invece, le istituzioni religiose che si dichiarano rappresentanti terreni di un Dio ed elaborano poi apparati finanziari molto sofisticati e dannosi. Il loro potere si nutre di diktat morali basati su libri che non hanno alcun fondamento scientifico e causano, in tal modo, l'infelicità dei propri fedeli.

Ciao Francuzzo

Caro Franco, questa notte ti ho sognato. Volevi salutarmi ma non parlavi. Eri felice e mi hai consegnato un quaderno da leggere per poi sparire come d'incanto. Stamattina al mio risveglio ho appreso questa notizia che mi ha scosso enormemente. Non ci vedevamo da diversi anni e ricordo i momenti trascorsi a casa tua nella nostra città a discutere di molti argomenti. Eri il mio punto di riferimento e lo sapevi. Non amavi ricevere i complimenti e cercavi di salvarti dagli elogi con una battuta. La prima volta che ci siamo incontrati ufficialmente ti diedi del Lei e mi dicesti: "Io sono Franco. Dammi del tu". All'epoca ero un giovane studente universitario che desiderava scrivere una tesi di laurea sulla tua opera. A causa di incomprensioni con la docente quella tesi non vide mai la luce, ma in compenso nacquero molti libri. Mi avevi messo a disposizione il tuo archivio per consultare il materiale. Mi dicesti: "Cristian, come posso esserti utile?". Ero così felice di conoscerti che mi batteva forte il cuore. Ci recammo a casa tua con un amico comune. Era una domenica di maggio e ricordo come cercasti subito di mettermi a mio agio parlando delle mie passioni. Il nostro primo incontro si concluse con te che mi cantavi mentre scendevo le scale il pezzo che io adoravo di Donatella Moretti *Quando vedrete il mio caro amore*. A questo seguirono diversi incontri e l'ultimo quando ti consegnai la copia del mio libro *I cantautori e la filosofia da Battiato a Zero*. Il 17 settembre del 2017 ero presente al tuo ultimo concerto. In quell'occasione hai salutato la tua città e noi, ammiratori e amici. Tu credevi molto nella forza dei sogni e mi consigliasti la lettura di alcuni libri specifici. È così strano pensare di averti rivisto per l'ultima volta proprio in un sogno. Adesso Franco so che sei felice perché sei libero dal dolore. Per sentirmi meno triste ascolto i versi de *Le nostre anime* in cui cantavi:

"Le nostre anime
Cercano altri corpi
In altri mondi
Dove non c'è dolore
Ma solamente
Pace
E amore
Amore".
Ciao Francuzzo

RBG

Negli anni ho fatto conoscere alle mie classi Ruth Bader Ginsburg. Dopo la visione del film *Una giusta causa* ho spiegato l'importanza di Notorious RBG (Notorious come il famoso rapper Notorious Big). Fu la seconda donna a ricoprire la carica di giudice della corte suprema USA. Grazie alle sue battaglie e ai suoi "I dissent" ha riscritto la storia delle pari opportunità e non solo. Ha condotto diverse battaglie sociali: parità salariale, matrimonio egualitario, diritto all'aborto, diritto ad un'assistenza sanitaria per tutti e molto altro. Il suo lavoro ha modificato il volto ipocrita e patriarcale di una società che da secoli continua a sottomettere le donne. Diceva: "Non chiedo favori per il mio sesso, chiedo solo che smettano di calpestarci". In breve RBG è diventata un punto di riferimento nel mondo. Una icona pop che nessuno di noi dimenticherà mai. Addio RBG

25 anni senza Matthew

Il 7 ottobre del 1998 a Fort Collins (Colorado), Matthew Shepard, un giovane studente americano di 21 anni, venne prima derubato e poi torturato e picchiato a morte da due individui conosciuti per caso in un bar. Matthew aveva chiesto un semplice passaggio per tornare a casa ma i due lo portarono in un posto isolato per ucciderlo. Queste belve legarono ad una staccionata il povero Matthew, come uno spaventapasseri, lasciandolo sanguinante e gravemente ferito. Fu ritrovato solamente dopo 18 ore da un ciclista. Shepard giunto in condizioni gravissime all'ospedale Poudre Valley (Fort Collins) muore pochi giorni dopo, il 12 ottobre. Perché i due aguzzini si accanirono selvaggiamente su di lui? Perché Matthew era omosessuale! Gli stessi assassini dichiararono in aula di averlo fatto perché disgustati dall'omosessualità di Matthew. La loro omofobia li aveva spinti all'assassinio di un essere umano solamente perché altro da loro. In breve tempo Matthew divenne il simbolo della lotta all'omofobia in tutto il mondo.

Riflessione sulla violenza di genere

Mi occupo da anni di femminicidio e nonostante i vari libri pubblicati e gli studi condotti credo assolutamente che parlare di questi argomenti non è mai abbastanza. Non si può discutere di violenza sulle donne solo e soltanto il 25 novembre. Usciamo fuori dalla retorica d'occasione.
L'assassinio simbolico della donna avviene già linguisticamente e culturalmente. Noi siamo le parole che usiamo e la cultura patriarcale e machista di cui siamo intrisi intossica le nostre relazioni. Nella vita di tutti i giorni assistiamo continuamente all'ascolto passivo di insulti ed epiteti sessisti nei confronti delle donne. Anni fa quando lavoravo ad un mio libro sul femminicidio e l'omofobia mi recai in alcune scuole superiori e registrai la vasta gamma di insulti rivolti alle donne e a gli uomini. È emerso nettamente che le donne fin da ragazze vengono etichettate e giudicate solo da un punto di vista sessuale. Questo però non accade con gli uomini perché vengono giudicati solamente in base alle supposte prestazioni intellettuali. Esiste una sorta di piramide ideale in cui al vertice c'è sempre l'uomo e alla base la donna. Sulle spalle di ogni donna pesano secoli e secoli di dominio maschile. Come ha ricordato Virginia Woolf: "Per tutti questi secoli le donne hanno svolto la funzione di specchi, dotati della magica e deliziosa proprietà di riflettere la figura dell'uomo a grandezza doppia del naturale".

La svalutazione di ogni donna e la riduzione ad oggetto sessuale spiana la strada al femminicidio. Non esistono i cosiddetti raptus di follia e non esiste nemmeno l'amore malato. Nessun vero amore conduce alla morte. Questo disprezzo per la donna si concretizza quotidianamente. Quando ci si batte per sradicare il sessismo linguistico esiste ancora chi sorride perché non condivide tale battaglia e la ritiene una mera questione ideologica o superflua. Un linguaggio che esclude costantemente le donne e le rimuove da professioni e concetti sta già uccidendo sul piano simbolico ogni donna. Lo sapeva bene Elena Lucrezia Corner Piscopia, la prima laureata al mondo a cui nel 1678 negarono la laurea in teologia perché donna. Poteva laurearsi in filosofia ma non in teologia. Oppure pensiamo a Eunice Newton Foote che nella metà del 1800 previde già i cambiamenti climatici ma le sue ricerche restarono silenti per ben 155 anni in quanto formulate da una donna. Pensiamo a Ruth Bader Ginsburg giudice della Corte Suprema americana che quando si iscrisse ad Harvard dovette ascoltare da parte del Rettore la solita accusa: "Si rende conto che sta sottraendo il posto a un uomo?".
Ricordiamo ancora la pittrice Artemisia Gentileschi che lottò con gran coraggio in tribunale per far condannare il suo stupratore. Pensiamo infine a Rosa Park e al suo "No" deciso che avviò la protesta per i diritti civili delle persone di colore in America.

Le parole, come ormai sanno fino allo sfinimento le mie classi, sono importanti. Ogni singola parola ha un peso e fingere il contrario è altamente nocivo. Il percorso verso la parità di genere è purtroppo ancora lungo e tortuoso e vorrei ricordare a tal proposito le parole di Harriet Tubman, attivista e liberatrice di schiavi: "Se siete stanchi continuate a correre; se avete fame, continuate a correre; se volete assaggiare la libertà continuate a correre".

In ricordo di Keating

Caro Robin, nove anni fa hai deciso di lasciare questo mondo. Grazie al ruolo del professor John Keating in "L'Attimo fuggente" sei stato in grado di influenzare la mia vita. Volevo diventare insegnante e desideravo ardentemente coinvolgere gli studenti in un reale interesse nei confronti della cultura. Ricordo di aver cercato il tuo volto, quello di John Keating s'intende, con quel carisma unico e irripetibile in ogni docente che ho incontrato lungo il mio percorso di studi. Durante gli anni del liceo mi capitò di dichiarare la mia volontà di insegnare perfino in un tema. Il docente di lettere rimase colpito e mi diede un bel voto e annotò ai margini del foglio protocollo "Lo diventerai senza alcun dubbio". Caro Robin, da quando ho realizzato il mio sogno e anch'io sono un insegnante non posso non pensare a quel tuo personaggio.

La vita è troppo breve per lasciarsi angustiare dal giudizio e pregiudizio altrui. Quindi: "...se ascoltate con attenzione, li sentirete sussurrare il loro monito. Avanti, avvicinatevi. Ascoltate, lo sentite? Carpe, carpe diem, cogliete l'attimo ragazzi, rendete straordinaria la vostra vita!".

L'Amore

Io dell'amore so ben poco perché mi sono innamorato raramente nella mia vita ma questo non mi preclude la possibilità di parlarne. Pier Vittorio Tondelli scriveva: "Sapeva, fin dall'inizio, che mai lui avrebbe potuto essere "tutto". Per questo chiamava il loro amore 'Camere separate'". Io non voglio essere il tutto di nessuno. Non credo negli assoluti né in chi costruisce tutta la sua prospettiva di vita su qualcun altro. Preferisco essere il qualcosa di qualcuno, magari un qualcosa di speciale ma certamente non il suo principio e la sua fine. Amare è un verbo violato perché fin troppo consumato dal nostro linguaggio quotidiano. Occorre invece creare nuovi termini per non cadere nella trappola di pronunciare ciò che altri hanno già riferito e scritto. L'amore è un concetto che non può essere afferrato e dipinto, compreso e trascritto né tanto meno traslato da un linguaggio povero e rachitico.

Apparizione lisergica

Il mio sguardo si rivolge sempre verso l'altro e l'altrove che caratterizza la mia esistenza. Sono un'apparizione lisergica e veloce. Seduto a tavola io sembro un'icona della Santissima Duplicità. Io e me esposti alla pubblica dulìa. Se non mi sento a mio agio con taluni individui riesco a mesmerizzare i loro intelletti e ingannarli della mia reale presenza. Ci sono, ma in verità sono già altrove. Pur dispensando me stesso come corpo tra corpi la mia presenza assume significati liturgici.

Riflessione su Joseph Ratzinger

In molti mi hanno scritto privatamente dopo aver appreso sui social la notizia della morte di Benedetto XVI. Nel 2007 pubblicai anche un libro a lui dedicato e dal titolo "Pensieri sparsi su Dio, Ratzinger e la chiesa" (ormai fuori commercio). Fin dal primo momento ho espresso il mio disappunto verso il suo operato e le mie critiche feroci non sono mai mancate. Purtroppo come diceva Enzo Biagi: "Il morto attira sempre simpatia" e oggi il processo di mistificazione incomincia a farsi strada. Preferisco dunque rinfrescarvi la memoria.
Ratzinger durante la sua attività di Prefetto della Congregatio pro doctrina fidei ha taciuto sugli abusi sessuali dei preti su minori ed ha punito invece chi osava sfidarlo sul campo umano e dottrinale. Fu intransigente nei confronti di diversi validi teologi come Matthew Fox, Teresa Berger, Anthony De Mello etc. Ratzinger il 19 maggio 2001 attraverso la lettera "De Delictis Gravioribus" stabilì che ogni atto sessuale commesso con un minore era di pertinenza esclusiva della congregazione e di nessun altro. Per la serie i panni sporchi si lavano in famiglia. A causa di questa lettera riservata Ratzinger è stato denunciato per intralcio alla giustizia dall'avvocato Daniel Shea di Houston. Shea rappresentava tre ragazzi che avevano denunciato il prete pedofilo Juan Carlos Patino – Aragon operante nella chiesa di Houston. Ratzinger appena diventato papa ottenne l'immunità in quanto capo di

Stato estero e in tal modo evitò di essere processato. Eletto al soglio di Pietro il caro Benedetto XVI ha offeso le vittime di preti pedofili definendo il loro malessere chiacchiericcio mediatico e ha offeso le persone omosessuali definendo le unioni civili una ferita alla pace.

Fortunatamente si è dimesso dopo un pontificato fallimentare e oscurantista durato sette anni ma promettendo fedeltà al nuovo papa e di ritirarsi in silenzio. Silenzio non rispettato visto che in diversi anni ha pubblicato molti libri tra cui uno in cui attaccava nuovamente le persone omosessuali affermando: "Nozze gay e aborto segni dell'Anticristo". Non ci sono parole!

Sulla sua coscienza pesa anche la morte di Alfredo Ormando che il 13 gennaio 1998 si diede fuoco a Piazza San Pietro per protestare contro l'omofobia del Vaticano. Ormando divenne una torcia umana per far luce sull'ipocrisia della Chiesa e il suo odio contro le persone omosessuali.

L'Emerito ha dichiarato di temere Harry Potter e sconsigliato vivamente la lettura dei libri e la visione dei relativi film. Ha scritto che la musica contemporanea ha come unica finalità quella di avvicinare il mondo al male in una dimensione di controculto. Ha innescato una polemica con i credenti non cattolici dicendo nella "Dominus Jesus" che sarebbero finiti all'inferno. Ha tolto la scomunica ai lefebvriani e scatenato una polemica assai infuocata con il mondo musulmano a causa del suo discorso tenuto a Ratisbona. La lista è lunga e io mi voglio fermare qua!

Dispiacersi per la perdita di una vita umana è comprensibile ma occultare la verità è davvero criminoso.

Ringraziamenti

L'idea di questo libro nasce tanto tempo fa ma per motivi diversi non riuscivo a portarlo a termine. Sentivo un blocco dentro di me che non mi permetteva di seguire le tracce dell'altrove disseminate lungo la mia esistenza. Temevo le ripercussioni emotive nel raccontare episodi di vita che per anni ho cercato di silenziare. Poi, senza alcun preavviso, in un giorno qualunque di un giugno qualunque il progetto prese finalmente vita.

Nel mio cammino di vita ho incontrato persone che con la loro presenza mi sono state vicine e mi hanno spinto a ricercare e trovare la parte migliore di me. Per prima cosa voglio ringraziare la mia famiglia. Sono stato fortunato ad averli al mio fianco e il loro incondizionato amore mi spinge ad andare quotidianamente avanti.

Inoltre ringrazio Franco Battiato per avermi permesso di conoscerlo e di frequentarlo. Ho avuto la fortuna di incontrare il mio mito e di non rimanerne affatto deluso.

Ringrazio Riccardo Di Salvo per avermi aiutato nella comprensione di me e per aver capito che necessitavo di tempo per venir fuori. Riccardo ha saputo ascoltare i miei silenzi e decodificarli senza mai giudicarli.

Ringrazio Angelo Scandurra che con la sua amicizia poetica mi ha reso partecipe della sua sensibilità e arte creativa. Le nostre lunghe conversazioni mi erano di grande conforto.

Infine, ma non per ordine di importanza, ringrazio Barbara Cavazzana. Quando ci siamo conosciuti avevo già iniziato a scrivere il libro ma non riuscivo a procedere perché diversi intoppi mi avevano già fatto abbandonare il progetto.

Grazie al suo incoraggiamento costante e la sua amicizia il lavoro è giunto finalmente a destinazione.

Cenni biografici

Cristian A. Porcino Ferrara è un docente, filosofo, scrittore, critico letterario, pittore e musicofilo. Ha pubblicato, tra gli altri: *Diabolus. Seminario di Letteratura Busiana* (2006), *Pensieri sparsi su Dio, Ratzinger e la Chiesa* (2007), *I cantautori e la filosofia da Battiato a Zero* (2008), *Un'altra vita* (2012), *Chiedi di lui 2.0 Ancora un viaggio nell'universo musicale di Renato Zero* (con D. Tuscano) (2016), *Tutta colpa del whisky* (2015), *Born too late to a world too old* (distribuito in Usa, Canada, Inghilterra) (2014) e *Canzoni contro l'omofobia e la violenza sulle donne* (2016). Quest'ultimo ha ricevuto l'apprezzamento del Presidente della Repubblica e il plauso di Monica Cirinnà.
Nel 2018 è uscito *Altro e altrove* e nel 2020 *Ciao, Prof!*

Indice

- **Prefazione**, p. 7
- **L'Antica Sapienza**, p. 11
- **Filosofia e sessualità**, p. 14
- **Over The rainbow**, p. 23
- **Un sodalizio filosofico**, p. 48
- **Calum Scott e la lotta all'omofobia**, p. 61
- **Il corpo esposto**, p. 67
- **Bayard Rustin**, p. 69
- **L'ingratitudine**, p. 72
- **Insegnando impariamo**, p. 74
- **Oltre la tolleranza**, p. 75
- **Religiosità tossica**, p. 76
- **Ciao Francuzzo**, p. 77
- **RBG**, p. 79
- **25 anni senza Matthew**, p. 80
- **Riflessione sulla violenza di genere**, p. 81
- **In ricordo di Keating**, p. 84
- **L'Amore**, p. 85
- **Apparizione lisergica**, p. 86
- **Riflessione su Joseph Ratzinger**, p. 87
- **Ringraziamenti**, p. 90
- **Cenni biografici**, p. 92

"**Sulle tracce dell'altrove**" di Cristian A. Porcino Ferrara

© 2023

Milton Keynes UK
Ingram Content Group UK Ltd.
UKHW021618050624
443649UK00016BA/903